當耶穌遇上柏拉圖!?

從聖經到哲學，一場最有趣的人類智慧思辨

MARO 著
曾盈慈 譯

前言

——都開始研究哲學了，卻不讀聖經，實在太可惜！

「我超級想研究哲學，可是翻閱相關書籍後還是一竅不通。」

「讀大學的時候稍微學了哲學，卻讀不出個所以然。」

……諸如此類的話語時常充斥在我的耳畔。

哲學，是一門令多數人感到「明明有志向學，卻難以融會貫通」的學問。

我也曾耳聞這樣的評價：「我能領略孔子、老子等東方思想，卻無法掌握西洋哲學的概念。」

雖說本書開篇才沒幾行而已，但我想先大膽地提出我的結論：

讀不懂哲學，是因為你還沒讀過聖經！

咦？聖經指的是基督教讀的書吧？難道意味著它（哲學）與宗教有關？宗

教跟哲學等學問不僅八竿子打不著，還不如說它們屬於對立面的概念不是嗎？

不對，上述說法並不正確。因為，在哲學的範疇裡，有數個「歷久不衰的主題」，其中尤為重要、至今仍發人省思的問題是「人類為何物？」與「神是什麼？」。**聖經，即是詳盡地描述「人類」與「神」兩者關係的書籍。**

因此，在西洋哲學、特別是近世哲學當中，著重思考「人類為何物」、「神是什麼」的哲學家們，他們的理論或多或少都建立在聖經之上。

聖經是本別稱為「人類使用說明書」的書籍；近世哲學則抱持著「用新穎的概念解讀這本古老的使用說明書」的想法，嘗試解析聖經蘊含的學問。既然如此，若不先理解流傳千古的「使用說明書」，又如何將其轉化為嶄新的觀點呢？

況且，它並不限於神與人類之間的問題；當我們看待各種事物，疑惑地問道：「聖經寫是這樣寫，實際上是如此嗎？」這便成為近世哲學的出發點。也能解釋為：若無法參透聖經，便找不到哲學的出發點，從此迷失在哲學之路上也不無可能。接著，由於在近世哲學中失去方向，也就無法領悟從中孕育而生的現代哲學……環環相扣。

抽換一下概念。即便現代已將神學與哲學分成兩種不同的學問，但至少在中世紀以前，哲學與神學一脈相連。哲學之所以艱澀難懂，是因後世將原本同為一體的神學（也就是聖經）與哲學強行分離的結果。相較之下，即使分別解釋也相對容易領悟的部分，便是西元二十世紀以後的哲學了。

特別是十八世紀以前的哲學，一旦抽離掉「神」的概念，理解的難度就會隨之攀升。同樣地，腦中若沒有過去的哲學觀念，要解釋二十世紀以後的哲學也絕非容易之事。無論如何，想學習西洋哲學，閱讀聖經是必經之路。

西元十六至十八世紀左右，大部分的近世哲學家，即便已發展出一套反對神的思想，卻無法改變自己身為一名基督教徒的事實。因此，他們的著作裡仍隱約地流露出對神與教會的敬畏與顧慮。

看到這兒，讀者難免感到矛盾：「他們何必如此迂迴，還特地用晦澀難懂的寫法呢？」因此**讀懂聖經，就能理解哲學家們思考的背景脈絡了。**

轉換一下話題吧，你覺得世界上最耐讀的書籍是哪一本呢？肯定有讀者猜想：「好啦，答案絕對是聖經，對吧。」恭喜你答對一半；但也僅答對了一半。

的確，聖經是亙古流傳至今的書籍，但除此之外尚有其他作品被古今中外暢讀，其受歡迎程度不亞於聖經，那就是誕生於古希臘的柏拉圖（Plato）與亞里斯多德（Aristotle）兩位聖賢的哲學。因此嚴格來說，這題的正確答案是「聖經與希臘哲學書籍」。原則上來說，書籍是一旦失去影響力，就會從世界上消失的東西。然而，聖經與希臘哲學流傳至今日，已超過兩千年，這也證明了其蘊含的思想對世界的影響不曾間斷。我認為它們足以被稱為「跨時代的兩大人類思想泉源」。

不過，通常有志學習哲學的人會欣然地閱讀柏拉圖、亞里斯多德的哲學思想，卻會以「我不是教徒」為由，而忽略聖經不讀，屬實可惜。

儘管如此，其實過去的我也曾抱持著相同的想法；正因為這樣，我想從這個觀點漸進地切入本書的主題。一起踏上這趟哲學之旅吧！

目錄

第3章

基督教與哲學的交會點

第4章
文藝復興後的近世哲學

第5章
現代哲學的盲區為何？

作者版權代理：Appleseed Agency
日本書籍設計：山之口正和＋澤田幸平（OKIKATA）
插圖繪製：めんたまんた（Mentamanta）
日文版排版設計：一企劃

第1章

為什麼哲學一點也不平易近人呢？

1-1

讀聖經，懂哲學

■ 哲學課，如夢似幻的時光

「這世界無與倫比，簡直太美妙了！這就是我所追求的世界！」

還記得在高一春天的第一堂「倫理」課中，東京都立青山高中的鳥山老師正在講解蘇格拉底（Socrates）的思想時，我受到前所未有的衝擊與感動。剎那間，我深深折服在哲學的魅力當中，高中入學不過一個月，我已立定「大學要修讀哲學系」的目標。

其他同學口中「無聊至極」的「倫理[1]」課，對我來說卻是相當如夢似幻的時光，每認識一位哲學家，諸如泰利斯（Thales）、芝諾（Zeno）、伊比鳩魯（Epicurus）、

蘇格拉底、柏拉圖、亞里斯多德、孔子、老子、耶穌基督（Jesus Christ）、保羅（Paul）、奧古斯丁（Augustinus）、托馬斯・阿奎那（Thomas Aquinas）、笛卡兒（Descartes）、康德（Kant）、黑格爾（G. W. F. Hegel）、尼采（Nietzsche）、海德格（Heidegge）、帕斯卡（Pascal）、沙特（Sartre）、緒索爾（Saussure）、維根斯坦（Wittgenstein）、李維史陀（Lévi-Strauss）……都為我開啟一扇又一扇新世界的門扉。

自幼開始，我就是一個對人們習以為常的

1 譯注：日本的倫理課類似公民與道德的課程。但課程內容不盡相同，由於兩國課綱有差異，此處仍維持原文「倫理課」的說法。

事物抱持著疑惑、對人們司空見慣的事情感到驚訝的孩子；也是一個腦中充斥著無關緊要的十萬個「為什麼」、且沒有得出答案決不善罷干休，常因此夜不成寐的孩子。

孩提時的我，從未在校外教學前一晚因「萬分期待出遊」而失眠，卻總因思索著：「為什麼風一吹，葉子就會飛上天？說起來，為什麼會颳風呀？」或者其他問題：「媽媽幹嘛把我這個壞小孩捧在手心呵護？為什麼我不想親近媽媽以外的人？」而使我徹夜輾轉難眠。

媽媽甚至被幼兒園的老師提醒：「放著這孩子不管，他會沉浸在自己的世界裡，壓根不想跟大家一起玩，是個孤僻的孩子，再請家長多留心。」不過，媽媽總會滿不在乎地回答：「一個人沒關係啦，就隨他吧。」

那時候的我甚至有過「現在可不能悠哉玩樂」的想法，因此在老師邀請我「跟大家一起同樂」的時候，我會回嘴拒絕：「不要！」我想，老師眼中的我的確是名「怪小孩」，而且是十分「令人困擾的孩子」吧。

■ 埋頭苦讀哲學也得不到「答案」……

逐漸長大成人，正值青春期的我受到諸多疑問困擾，出現嚴重的睡眠障礙，例如：「死亡是什麼概念？活著又代表什麼？此時此刻正思索這些問題的我，為什麼存在於此？又為什麼存在『於此』？」這些奇思異想讓我困惑到想緊緊抱頭、痛苦呻吟；實際上我確實哀鳴了幾聲。

直到我腦海中浮現「死過就能明瞭了吧，不如死一遍看看」的想法，我才意識到「或許自己的心裡已經生病了」。唉，如今回想起來，當時的我罹患的搞不好是十足的「中二病[2]」呢。

沒想到，在「倫理」課教科書中登場的哲學家們，竟把我自幼時萌生於心的那股「亟欲探求未知」的衝動或渴望、「猶如岩漿般在心中冒泡、沸騰的未知感受」

2 自青少年轉變成大人的過渡期時，急於想要表現自己以獲得他人認同的心理。

化為實際的文字，進而將鬱積在我胸口的沉悶感一掃而空。就好比蓄積已久的岩漿終於找到噴發的出口，高喊著：「就從這裡衝出天際吧！」

與哲學家們相遇時的感動，包含了一種相知相惜的安心感：「與我抱持著相同心情的人們何其多！我不孤單。」也使我期待著：「他們必定會為我指引答案，將我從困惑中解放出來。」

此後，為了攻讀哲學系，我踏上了四年的備考之路，順利進入大學修讀。那是何等快樂的日子！因著日復一日學習全新的知識，體會到踏實地朝「目標」邁進的實際感受，且周圍圍繞著志同道合的夥伴與師長們……。然而，當大學生涯過一大半後，我意識到了……

咦？原本應該安穩地舉步向前的我，與「目標」的距離似乎分毫未減？當時的我終日沉浸在煩惱中，不時抓著頭苦思、哀號，與兒時的我毫無二致。不對，與過去相比，我甚至覺得自己的「症狀」加重了。那份只要學習哲學就能治療「心病」的期待，至今仍令我興奮愉悅，但對「症狀」本身好像沒有任何正向的幫助。

原來如此啊。被我視為榜樣的哲學家們，從未有人達到所謂的「目標」，這樣說來，即便是他們也無法給予我所追求的解答吧？

是的，所謂的哲學史是「堆屍如山」的產物。即便以「真理」為目標的哲學家們已摸索出四通八達的道路，但誰也沒有實際踏足到終點。後文會循序為讀者們解說，此處先大致提一下，像康德甚至在《純粹理性批判》中得出結論：「人類無法達至真理。」

後人走在前人開拓的道路上，一步一步地向前邁進，卻始終未見終點。說到底，誰也無法保證路的盡頭是終點，反倒使人疑惑起「目標」究竟是否存在。這就是哲學的世界。

再說，若有人抵達了目標，哲學也就此告終了。**哲學會以哲學的樣貌持續發展下去，誰也無法到達存在於無盡遠方的目標。**

■ 在走投無路的絕望中與聖經相遇

於是，我開始對哲學充滿了絕望。那種絕望是，我堅信哲學是條埋首於研究就能將我從痛苦的深淵中解放出來的信念之路；然而，實際上它卻是條無限輪轉的迴廊。我在這條路上不斷地兜圈子，任憑我繞到天荒地老仍找不到出口。越是在路上徘徊，我的痛苦非但沒有減輕，反而越發沉重。啊，我撐不住了，好絕望，好想一了百了啊。

在被負面想法吞沒之前，我的目光倏地停留在書架上，那裡擺放著一本聖經。那是小學時，掉落在學校附近的宣傳用小開本聖經。

接觸聖經之前，我秉持著一股信念：「既然要研究哲學，我就不能信神；投入信仰等同發表了落敗宣言。」因此，即便我曾為查找反對神的資料稍微讀過聖經，卻從未研讀過「聖經正典」。我凝視著那本聖經，思忖著：「三天就好，試著相信聖經的內容。之後再去思考尋死的事情也應該可以。」以基督教派的說法來談，這是所謂的「引導」，意味著「神的呼喚」。於是，我有生以來第一次捨棄否定的心態，以肯定的胸襟翻開了「聖經正典」。

出乎意料地，蕩漾不已的心瞬間安靜下來。聖經接納了至今為止我所懷揣的各種疑問，神彷彿向我說道：「抱持著眾多煩惱並非壞事，但比起那些憂愁，不如先暢活在我所創造的世界，之後再去苦惱也不遲。」

總之，在聖經的引領下，我決定「暫且擱置」終日壓迫著我、如一睹高牆的煩惱，這也讓我放下了長久以來的執念。

……話說到這，似乎流於傳教般的內容，彷彿慫恿著讀者們：「你們也跟我一起相信神吧！」但我想藉由本書闡述的論點，其實才正要開始呢。

■ 於是，我敲響了教會的門扉

總而言之，聖經將我從鬼門關前救回來。開始對聖經提起興趣的我，在西元二〇〇二年十一月底、恰逢耶穌降臨期（Advent）第一天，敲響了離家不遠的上馬基督教會的大門。雖然我曾在大學讀過「基督教概論」之類的內容，但想讀懂這浩瀚的千古聖書，實際走一趟教會是最直接也是最有效率的選擇。

當時的我再也讀不進任何一本哲學書，閱讀哲學書只能喚醒困擾著我的煩憂，且對我而言，哲學儼然成為「葬送我七年人生的墓園」。

然而，實際上哲學絕非「無意義的墓園」。我在教會孜孜不倦地學習「何謂聖經」、「如何正確解讀聖經」、「聖經引導出什麼樣的結論」等，突然某個瞬間，我發覺**至今學過的哲學竟井然有序地湧入腦海，彷彿有座被稱為「聖經」的書架，整齊羅列著各種與哲學相關的書籍**。

單純的血肉無法構成完整的身軀；完整的軀體必定包含骨架。聖經為血肉添上「骨架」，將過去四分五裂的哲學瞬間拼湊成一具完整的軀體。這種體悟讓我感嘆：「為什麼以前我不曾鑽研聖經的內容呢？」同時也萬分欣喜：「讀了聖經真好！」

接觸了聖經後，使我所學習的哲學在「無意義的墓園」中重新復甦過來。

1-2

聖經是擺滿哲學書的書架

■ 聖經中蘊含的「哲學」

我曾在前文提及：「聖經是個書架，整齊羅列著哲學的相關書籍。」這句話似乎有些難懂，換個說法便是「聖經裡蘊含著所有哲學。」……好像越說越無法理解了。

如果說：「**聖經裡能找到哲學家提出的所有問題。**」是不是感覺稍微親切一點了呢？……好吧，並沒有。接下來我將以實際的例子來說明這段話。

翻閱聖經最初的篇章，描述了神創造的第一位人類亞當，為其他同為神創造出來的動物、鳥類命名的畫面。

神用土所造成的野地各樣走獸和空中各樣飛鳥都帶到那人面前，看他叫什麼。那人怎樣叫各樣的活物，那就是他的名字。（《創世紀》2:19）[3]

讀到這裡，我腦海中浮現的是索緒爾闡述的哲學。換言之，我心中那座聖經書架的這個部分，「收藏」著索緒爾的哲學。更平易近人地說，**讀到這個章節，索緒爾老師就會站出來親自為我解說箇中意義**。

如果問：「為什麼神不自己為動物取名，反而交付給亞當呢？」我認為索緒爾會如此答覆：「語言不僅是傳達思想的手段，也是理解世界的必要工具。缺乏語言，人類將無法讀懂世界。」

根據上述，在亞當為動物命名的章節中，他第一次認知到神所創造的世界。下文的「把牠們帶到那人面前，看他給牠們取什麼名字」，表示神希望人類看看世界，且想一睹人類接觸世界後的反應。這意味著神創造了人類，將人視為能與自己交流、愛護的對象。

同樣地，〈巴別塔〉敘述了神讓人類語言分崩離析的情節。索緒爾老師再度現身說法：「人類不僅失去互相理解的工具，且根本上解讀世界的方式也迥然不同。」此時，李維史陀會接棒說明：在支離破碎的世界觀中，不存在著相對優越的思想，也沒有相對低劣的觀念。

在一丁點聖經的「骨架」上，稍稍添加了索緒爾和李維史陀的「血肉」，它所描繪的世界頓時立體了起來，哲學也褪去「理解了又怎樣？」的疑竇，變得富有意義。

3 譯注：較為白話的說法，即將神用土塑造出行走於野地的走獸與天空中的飛鳥，都帶到他的面前，看他如何稱呼他們，就作為該走獸與飛鳥的名字。

神說：「要有光。」就有了光。（《創世紀》1:3）

雖然可能和哲學家們說的有些不一樣，但愛因斯坦的相對論在這段話出現時就「逸出」我的腦海。為什麼神先創造了光？愛因斯坦的公式「$E=mc^2$」能為我們釋疑。

根據公式「$E=mc^2$」，倘若缺乏光，便不存在能量與物質。因此可以說，相對論幫助我們理解神創造天地的開端——至少對我而言是如此。

神對摩西說：「我是『自有永有的』。」（《出埃及記》3:14）

此處引用的書架收藏著海德格（Heidegge）等人的哲學書。海德格的理論本就艱澀，加上他在完成著書前已然離世，要解讀他的論點更是難上加難。不過，海德格認為「存在者」與「使其存在者」須分別解讀。

「存在者」被「使其存在者」拋擲到世上。然而，由於「存在者」不明白「使其存在者」的意圖，因此始終處於不安穩的狀態。另一方面，前文引述的經句中，神宣告：「我不是由任何事物所創造的存在。」

這句話蘊含著**神不是「被拋擲者」**，**亦非不安穩之物**，**而是絕對的存在**。更深入剖析來說，也能解釋這段話是神給人們的訊息：「是我將諸位『拋擲』於世，你們已不再是不安穩的人了。」然而，這段話卻引來尼采（Nietzsche）的反駁：「不，不對，並不是神，『我』才是『自有的』！每一位人類都必須擺脫神，成為自我！」

故此，我所願意的善，我反不作；我所不願意的惡，我倒去作。

（《羅馬書》7:19）[4]

再看這個書架，上頭不僅「收藏」了許多哲學家的思想，聖經述說的哲學也更加「充實」了。

4 譯注：白話就是，故此，我不去做心中「願意為之」的善事，反而去做心中「不願為之」的壞事。

讀到這段話，我想主張「性惡說」的荀子會說：「人天生就會作惡，所以這話說得合情合理。」而秉持著「性善說」的孟子則有其他想法：「人性本善，肯定有什麼緣由促使人們做壞事。」希臘的蘇格拉底則會問：「我倒想知道『我所願意的善』，指的是什麼呢？」康德亦可能言說：「無任何條件的『願意為之』是定言令式的道德，也是人們的依歸。」

關於善與惡的哲學思辨不僅存在於我腦海中，歷史上也有許多相似的討論。例如，柏拉糾（Pelagius）與奧古斯丁曾爭論，一方說「神創造了善與惡」，另一方則駁斥「不，神只創造了善，惡來自人類的罪」。

至此，我以各種例子演繹聖經「收藏」的各式哲學思想概念。不過，此處僅是我腦海裡的一種範例，其他人的聖經書架上或許「收藏」著其他哲學家的思想。書櫃上的藏書因人而異。

此外，聖經可說是各種哲學的「骨幹」；肉體有了骨架，才得以形塑出你我認知的手腕與雙足。擁護中世紀學院派哲學思想的托馬斯．阿奎那曾言道：「哲學是神學的僕人。」有些學校會教導學生——那是「教會輕視哲理的發言」。然而事實並非如此，這段話實際上蘊含的意涵是「**學問乃是理解神祇的必要工具**」。

從現實生活來看，至少到現代為止，哲學確實是被用來解釋神學的工具。

■西洋哲學是聖經的注釋

明知道會引發讀者異見，但我仍想大膽斷言「西洋哲學是聖經的注釋」。無論哪一本書，若只讀注釋的話，根本無法讀通書籍的真意。有了原文，注釋才有意義。起碼西元十八世紀之前的確如此。文藝復興以後，哲學家們的思想漸漸地「由以神學為中心轉向以理性為中心」；即便如此，人們依舊信奉著基督教，生活於基督教社會中，談論主題仍圍繞著「神」。

「神為何物？」是近代哲學……不，甚至是哲學從古至今主要的課題之一。時間快轉到現代，這個課題逐漸轉向「如何解讀神」？無論是前者或是後者，探討的對象依然是「神」。而那些明確否認神的哲學，可被視為一道注釋，說明「人對聖經做的反駁」。

讀到這，似乎能隱約聽見讀者疾呼：「不是吧，柏拉圖與亞里斯多德生活在聖經尚未成書的時代，他們的哲理怎麼可能是聖經的注釋。」確實如此。不過，聖經裡還真能找到兩位聖賢提出的多數問題；反過來說，他們的思想對於解讀中世紀基督教產生巨大的影響。諸如奧古斯丁和阿奎那解析聖經時便參考了他們的見解，從中奠定了基督教的教義。

1-3

降低哲學研究難度的兩條座標軸

■柏拉圖、亞里斯多德、聖經

自古希臘時代開始，哲學迄今已有兩千六百年的歷史。五花八門的思想誕生於這條歷史長河內，也在時代的演進中沉沒，然而這當中有三種思想不僅未曾被時間淘汰，且仍在後世泛起一波又一波的漣漪。那就是前文提及的「**柏拉圖**」、「**亞里斯多德**」以及「**聖經**」。

柏拉圖與亞里斯多德生存的年代約為西元前四世紀。以聖經成書的年代來說，《新約聖經》約在西元一〇〇年完成編纂，而《舊約聖經》是在西元五世紀左右成書（實際時間眾說紛紜）。

這意味著，聖經的內容幾乎涵蓋了整段哲學的歷史。在這兩千多年的歷史長河中，原始的文本被人閱讀、愛戴，一代接著一代傳閱下去。即便歷經兩千年，文本的內容也幾乎沒有改變（當然，行文會因譯本而有所不同）。

而且，在西洋哲學的範疇裡，大膽斷言每位哲學家都翻閱過聖經也不為過對吧。所以，**能持續為眾多古今中外的哲學家們帶來深遠影響的，即是「柏拉圖」、「亞里斯多德」與「聖經」了**。此概念對理解哲學至關重要，三者在哲學史的脈絡上擁有廣泛且普遍的影響力，他們也發揮了哲學「座標軸」的功用。

■ 以聖經為概念，描繪哲學家的座標軸

首先，其中一條座標軸是「**聖經軸**」，或稱為「**神軸**」。描繪這條座標軸的根據是哲學家對神或稱「神聖一體」、「絕對存在」的概念持肯定或否定的態度。舉例來說，同樣秉持「存在主義」的哲學家中，齊克果（Kierkegaard）肯定神，尼采則從骨子裡否定神，那他們就會被劃分在這條座標軸上完全相反的兩極。

奧古斯丁或托馬斯．阿奎那等人作為神職人員，構建了以神學為中心的哲學，因此會被歸納於「肯定神」的位置；卡爾．馬克思（**Karl Marx**）建立了唯物論的哲學，被置於「否定神」的地方。雖說柏拉圖與亞里斯多德是基督教創立之前的哲學家，但因他們以自身的方式認同世界有「超越人類智慧的存在」，故為偏向「肯定神」的一方。若你認為神這個詞彙「並不哲學」而對此產生排斥，也能將上述概念替換成以下兩個切入點：重視「絕對的價值觀」與著重「相對的價值觀」。如此一來，與聖經沒有直接關係的東方思想也能呈現於這個座標軸中了。

……說到這邊似乎越來越晦澀難懂了，簡單地說，這條座標軸的基本概念就是：**「你認同神的存在嗎？還是對這持反對意見呢？」**

■以「柏拉圖—亞里斯多德」為座標軸

另一條座標軸則是「**柏拉圖—亞里斯多德座標軸**」。兩人為師生關係，雖然柏拉圖是亞里斯多德的老師，但師生兩人卻各執一派思想，主張大相逕庭。柏拉圖認

《雅典學院》描繪的柏拉圖與亞里斯多德

為「真理存在於天際」；亞里斯多德卻覺得「真理存在於這片土地」。拉斐爾．桑齊奧（Raffaello Sanzio）著名的畫作《雅典學院》（*Scuola di Atene*），畫面的正中央描繪出正在對談的兩人——柏拉圖手指向天，亞里斯多德的掌心向地。

現代人似乎難以理解「天與地」所表現出的內涵，若將它置換成「眼不見之物」與「可觀之物」的話會如何？**柏拉圖的想法是：「世界的真理存在於眼不見之地。」而亞里斯多德卻對此提**

出反駁：**「我認為不是，真理應存在於雙目可見的世界當中。」**

由此論調向下延伸，笛卡兒秉持著「僅有邏輯能引導出真理」的思想，邏輯是眼不見之物，因此他「偏向柏拉圖學派」；認為「獲得真理的途徑是體驗世界」的法蘭西斯．培根（Francis Bacon）與約翰．洛克（John Locke）則朝「亞里斯多德學派」靠攏。根據上述，可將近世哲學兩大思潮「歐陸理性論」與「英國經驗主義」分別劃入靠近「柏拉圖」或「亞里斯多德」的領域。

此外，貼近「亞里斯多德」的哲學家們，會聚焦於雙目可見的世界，因此他們對人類社會興味盎然，論述思想的主詞多為「我們」；另一方面，向「柏拉圖」看齊的哲學家們，他們腦中追求眼不能及的世界，因此硬要說的話，這群人偏好使用「我」當主詞。此處的概念或許可以解釋成「視他們想與社會建立關係的程度」。以此觀點切入，還可將東方思想的孔子分進亞里斯多德區、老子劃入柏拉圖區。

一路讀下來，晦澀深奧更勝於第一條座標軸了，言簡意賅地說，這條座標軸的依據是他們的**思想偏向為「內向（＝柏拉圖）」還是「外向（＝亞里斯多德）」**。

不過，這裡單純是思考方式的問題，與人物本身的性格內向、外向並無關聯。

■ 來描繪看看「哲學家地圖」吧！

前文解釋的兩條線分別代表圖上的 x 軸與 y 軸，添上座標軸後，「**哲學家地圖**」就完成了！根據這張地圖，哲學家們思想的相異之處一目了然，也能輕鬆理解時代的演進。

儘管只能簡單地舉個例子，本書第三十八、三十九頁呈現的圖片是我腦海中「哲學家地圖」的實際樣貌。不過，該地圖僅以「MARO 流哲學家分類法」繪製，不等同於「完全正確的地圖」。

而且，**不少哲學家在地圖上的位置會不時發生變動**，這點甚為棘手。例如說，當柏拉圖闡述「理性論」的時候，就是不折不扣的「外向派」思想；當笛卡兒抱持「懷疑神」的觀點時，會被歸納為「否定神派」，然而當他「證明神存在」時，又移動到「肯定神派」了。

讀者可能會埋怨：「若可以挪來挪去的話，那畫這張地圖豈不是沒有意義了嗎？」不是這樣的，想像一下這個畫面：「嗯，這個人正站在某象限說話呢！啊，他移動到另外一個象限了。」就某種程度來說，我們能藉由這張地圖搞懂哲學家們的思考演進。

出於方便，我將哲學家地圖一分為四，左上稱為「亞里斯多德象限」，右上為「柏拉圖象限」，左下是「達爾文（Darwin）象限」，右下則為「尼采象限」。約略哲學發展之初，泰利斯與赫拉克利特（Heraclitus）等人受神話影響至深，較著重於自然的觀察上，當時的哲學思想中心位於「亞里斯多德象限」（儘管當時亞里斯多德本人尚未出生啦。）之後，蘇格拉底與柏拉圖出現，哲學的主流便朝著「柏拉圖象限」移動……由此可見，每一象限的興衰都會隨著時代演進發生變化。

工業革命以後，信奉神祇的人數銳減，由實事求是的「達爾文象限」主宰世界，然而，時序邁進二十一世紀後，人們質疑起物質至上主義的世界，更加著眼於目不能見的價值觀，使得「尼采象限」盛況空前。

不僅如此，在新冠肺炎疫情席捲世界的情況下，局勢再度改變。由於感受到人類力量的侷限性，越來越多人轉而尋求神祇的幫助。事實上，根據最新一期《宗教年鑑》的統計，過往日本的宗教人口逐年遞減，近一兩年卻有增加的趨勢。照這種情況看來，目前蓬勃發展的哲學領域，較靠向上半部的象限。

致力研究哲學的人們，大多對「柏拉圖－亞里斯多德軸」瞭若指掌，卻對「神軸」一知半解。每每涉及到與「神」相關的論述，就會認為「這才不是哲學」而棄之不讀。然而，一旦在哲學的地圖上添加這條座標軸，研究觀點將徹底發生變化。過去哲學家們的「位置關係」錯綜複雜，如今卻具體地呈現在眾人眼前了（雖說有些地方畫得有點牽強）。

專欄　哲學的時代劃分

哲學的世界裡也有時代區分，像是「現代哲學」與「近代哲學」等。然而，時代的劃分並沒有明確的「時間點」指出現在屬於「〇〇時代」。話雖如此，本書仍大致區分出以下幾個哲學時代：

- 古典哲學：羅馬帝國封基督教為國教以前
- 中世紀哲學：基督教成為國教至文藝復興為止
- 近世哲學：從文藝復興至工業革命為止
- 現代哲學：工業革命以後

當然，近世以後也曾掀起復興古典思想的風潮，哪怕沒有明確的時代區分，再麻煩讀者抱著大略的概念，理解本書的時代分界即可。

這就是哲學家地圖!!

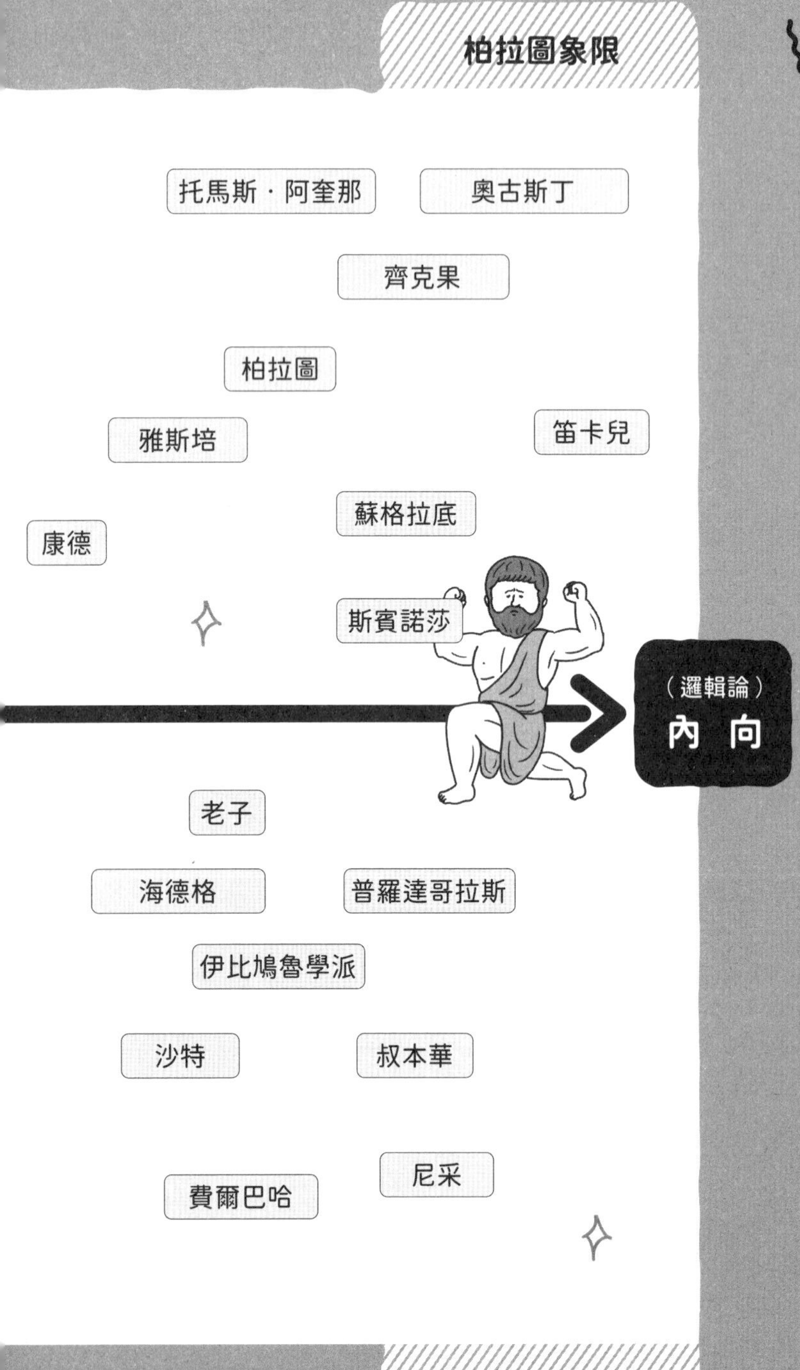
柏拉圖象限
托馬斯・阿奎那
奧古斯丁
齊克果
柏拉圖
雅斯培
笛卡兒
蘇格拉底
康德
斯賓諾莎
（邏輯論）
內 向
老子
海德格
普羅達哥拉斯
伊比鳩魯學派
沙特
叔本華
尼采
費爾巴哈
尼采象限

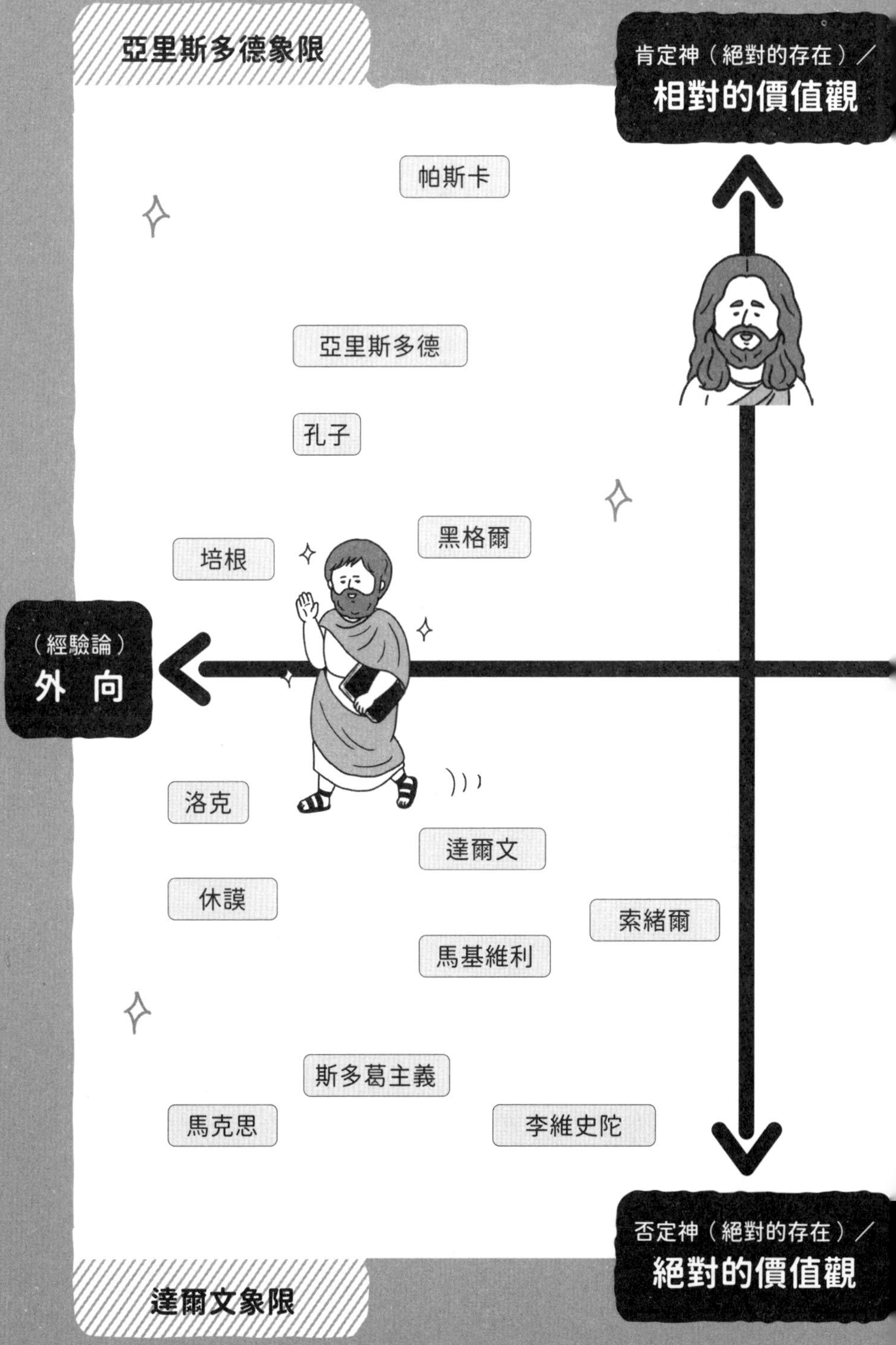

亞里斯多德象限
肯定神（絕對的存在）／
相對的價值觀
帕斯卡
亞里斯多德
孔子
黑格爾
培根
（經驗論）
外 向
洛克
達爾文
休謨
索緒爾
馬基維利
斯多葛主義
馬克思
李維史陀
否定神（絕對的存在）／
絕對的價值觀
達爾文象限

1-4

哲學是「理所當然」的學問

■「友愛智慧」是什麼？

讀到這，讓我們稍稍換個話題，來談談哲學究竟為何物？

這個問題有多不勝數的答案。翻閱許多既存於世的《哲學入門》書籍，就會發現連哲學的基本定義都因書而異。

「什麼是哲學？」這個問題本身就是哲理範疇相當重要的研究目標。截至今日，尚無法歸納出「統一的標準答案」。光要深入探討「哲學為何物」，都能使筆墨氾濫，寫成好幾本厚厚的書了。

哲學的英文稱為「philosophy」，其語源可追溯至希臘文，即是融合「philia」（友愛、喜愛）與「sophia」（智慧）的複合詞，意味著哲學包含「愛智慧」的信念。這是亞里斯多德提倡的觀念，且被記載於古今中外的多數哲學入門書裡，也能說明大部分哲學家對此心折首肯，紛紛附和：「沒錯，就是這樣！」這是他們共同接受的基礎觀點。

然而，若再進一步追問：「『愛智慧』是什麼意思？」就可見，哲學家們的意見出現諸多分歧，你一言「我認為是……」，他一句「我覺得應該是這樣啦……」。

「愛智慧」即為「渴望去理解」的表現。而學問正是深入研究並理解一項事物的行為，**因此哲學原本就泛指「所有學問」**。但隨著時代演進，專門探究物體運動的人成了「物理學家」、探討物質變化的人是「化學家」、以洞悉人們內心活動為業的是「心理學家」……包羅萬象的學問從「哲學」的範疇中分離且獨立出來。再回過頭來看看哲學，能研究的理論幾乎所剩無幾。但直至今日，大部分的大專院校仍設有哲學科系，問題來了，在現代，哲學所探討的對象究竟是什麼呢？

那就是秉持著「質疑理所應當」的精神，把過去認為「毋庸置疑」的觀念，轉化為「全新的理所當然」。

在這裡，我大膽地將**本書所探討的哲學定義為「理所當然」的學問**。若再更細緻地說明：哲學是針對我們認為「理所當然」的事物，去思考「為什麼『理』應如此？」或質疑它是否「真的『理』所應當？」的一門學問。

不只是哲學，學問往往以「為什麼」與「怎麼回事」的疑惑為開端。倘若面對稀鬆平常的事物都懷揣著「這再正常不過」的心態，學問便被扼殺在搖籃裡。也就是說，把眼前所見視為「理所當然」，是學問的敵人。

因此，**懷疑**、**破壞「理所當然」的行為，是開啟學問的動力來源**。接著，各科學問成熟獨立，發展出五花八門的研究方向；唯哲學仍單純地聚焦在學問的根本，持續觀察著「理所當然」，且不斷提出新的見解。

因此，無論今昔，被稱為哲學家的人們根本是一群有些難搞的傢伙們，一而再、再而三地對人們視之為「非常正常」的事物提出「為啥啊？」「甘啊捏？」的質疑，並深入探討因果；有些人甚至會將這種態度視為一種「病態」的表現。

特別是在乎那些人們毫不留意的事物，而且在意的不得了，並深深地為此感到困惑、被痛苦纏身……說這種人有問題也不無道理。雖說稱他們「病態」是有些言之過重了，但他們肯定會被貼上「怪人」的標籤；然而，正是這些「怪人」們提出的疑問，造就出現代包羅萬象的學問。

■ 哲學是各種學問的「老家」

今日，音樂常被歸納為藝術領域的一環，而鮮少作為單一專門的學問；但在過去，它不僅是一門學科，再進一步地追本溯源，音樂甚至是哲學的一部分。

例如，同時彈奏「Do～♪ Mi～♪ So～♪」三個單音，可以形成一組和音，這在今日的音樂理論中是再自然不過的常識，不過，也曾有人提出疑問：「為什麼有時彈奏複數的音調能發出美妙的聲音，有時卻不然呢？」研究引導出結論：「複

數音調的頻率呈現簡單整數比時，會形成和音。」從而奠定了人們熟知的常識。

如果從上述問題衍生提問：「為什麼音調的頻率呈現簡單整數比就能奏出和諧的音律呢？」便進入腦科學的研究範疇了。當問題演化成：「究竟該如何去定義美妙的音樂呢？」此時問題又被拋回哲學的「美學」之河當中。其實，諸多與音樂相關的疑惑，至今仍是多道尚未解開的「謎叢」。

哲學是眾多學問之母。由哲學誕下的「眾學問」們，長大成人後各自離家、自立門戶，而根植於原地的哲學，因身為眾學問的「老家」，故每逢適合的時機，便會張開雙臂歡迎孩子們「返鄉」養精蓄銳。猶如平時各奔東西的兄弟姊妹，在家門前互道「好久不見」的模樣；哲學就好比各種學問間展開對話的「場域」。各式各樣的學問於此誕生，離家後再度歸巢，這種觀點是不是能夠消弭「哲學，於我何干？」的想法了呢？

更何況現代是史上絕無僅有的「變動時代」；是舊有的「理所當然」轉化為「全新的理所當然」的時代；甚至可以稱為「孕育多元『理所當然』」或「毀壞既定『理所當然』」的時代。正因為處於動盪的時代，哲學更是門必要的學問。

1-5

「理所當然」不等於天經地義

■因時代或地區而異的「理所當然」

現今，我們的生活中存在著無所不在的「理所當然」。去一趟超市就能購足豐富澎湃的食物，扭開水龍頭便有源源不絕的飲用水，手機在手便能與遠在天邊的人們交談……一旦開啟這個話題，那多不勝數的「理所當然」說也說不完。

然而，這些「理所當然」竟是如此「天經地義」的事情嗎？自日本翻開令和時代[5]的新篇章，短短數年間，大眾已將遠端工作與線上會議等視為「習以為常」的商務活動，明明兩年多前並不是如此。

在日本，人們認為扭開水龍頭、流出飲用水是「司空見慣」的現象，但放眼全球，僅有少數國家的自來水能夠生飲。世界上不僅存在著自來水不可生飲的國家，甚至存在尚未設置自來水管線的國家。

基於《日本國憲法》的保障，現代日本人擁有宗教信仰的自由，無論國民信奉基督教、佛教，甚至任何宗教，皆不會受到國家政府的迫害。哪怕在部分地區早已對宗教自由「見怪不怪」，但這對鄰近日本的北韓與中國等地，可不是「理所當然」的權益，況且日本也是到了戰後，宗教信仰的自由才逐漸備受重視。

「理所當然」會根據地區、時代等因素產生變革，也就是會依循空間與時間發生變化。我想，若有人認定生活中司空見慣的事物「從古至今未曾改變」，那他的生活八成會遭受到許多困難。比如經常失言的政治家，大概就是這樣的人吧。

過去曾有一段女性在家、為男性燒柴做飯十分「理所應當」的年代，然而，若在現代將此事掛在嘴邊，絕對會成為引發眾怒的不當言論。即便如此，因口不擇言

5 西元二〇一九年五月開始。

被炎上的政治家仍層出不窮。

他們或許抱持著這種思維：「人們對我認知的『理所當然』應該也『見怪不怪』」；不過，這可能只是擅自解讀他人信念而萌生的「狹隘『理所當然』」，或可說是「古板的『理所當然』」，必須有人站出來告訴他們：「那一點都不『平常』。」在那之前，我們似乎得先為人建立「『理所當然』並非恆久不變」的觀念。

如此一來，當我們開始思考周圍林林總總的「理所當然」是否如此絕對時，就能理解大多數的「理所當然」實際上「並非天經地義」的事情。**再去思量「何謂真正的『理所當然』」時，將會苦惱到半晌吐不出一句話來，此時人也早已陷入「哲學思考」了。**有沒有覺得哲學的難度一口氣降低了許多呢？教科書中登場的多數哲學家們也曾如此沉思，苦苦思索著那些「司空見慣」的光景是否如此「理所當然」。

即便充斥著各種艱澀詞彙的哲學書，論述的主題也都是這些「理所當然」的問題罷了。從這個角度來看待哲學家們，他們是不是瞬間和藹可親起來了？

■ 哲學是改變社會的力量

哲學常被人評價為「流於桌前的空談，根本毫無貢獻」。不過，只要讓思維轉個彎，哲學絕不是書案上的空泛言論，反而是一門實學，足以成為撼動社會的原動力。

科學技術創造了不知凡幾的「理所當然」，但其理論基礎絕對與哲學脫不了關係；政治也催生出嶄新的「理所當然」，其基本訴求必定關乎哲學。**當新興的「理所當然」誕生於世，背後必然存在著哲學**。

我們不時會聽到以下台詞：「這就是我的人生哲學！」在正常情況下可以將台詞代換成：「對我來說就是『理所當然』的啦！」雖有微妙的不同，但其言詞中的哲學與「理所當然」不見得等同於實際的哲學。原因在於說出這句台詞的人，大多對自己的「理所當然」堅信不移，且無從撼動。

哲學並非是「堅持自成一派的『理所當然』」，而是足以「改變『理所當然』」的力量。至少本書將以此為定義，繼續解說接下來的主題。

1-6

日本人與「理所當然」

■日本與歐洲看待「理所當然」的態度迥異

日本人不擅長哲學。我明白如此論斷可能會引發眾怒，不過日本人大概都對哲學沒轍，有著無從駕馭哲學的傾向。說是弱項也不太精確，因為對大多日本人而言，「哲學是與自己毫無相關、全然未知的世界」，因此談論擅長與否之前，多數人展現的是對哲學興趣缺缺的態度。

日文裡有「理所當然」（あたりまえ）一詞，也如其字面意義般「稀鬆平常」地被廣泛應用於日常生活中。然而，若問「理所當然」的英語是什麼？查閱之後會得到一個稍微不親民的單字：「obviously」，意味著「清楚地」、「顯而易見地」，單就意涵來說當然能與「理所當然」畫上等號，但語境卻有些許差異。其他單詞如「natural」（正常的）、「ordinary」（普遍的）也常被翻譯為「理所當然」，但就語境來說，卻不甚搭調。

若要進一步探詢原因，**最起碼英語圈的人們，並不像日本人「習以為常」地將「理所當然」掛在嘴邊**。

日本被視為「單一民族國家」。當然，因祖先可能來自世界各地，嚴格說來不算單一族群，不過，人們說著相同的語言、皆以米飯為主食、葬禮都有誦經流程……絕大多數的日本公民皆是（曾經）經歷共同文化基礎的多數派，因此將日本歸納於單一民族國家並無不妥。

在日本，說日文是「理所當然」的，以米飯為主食也「不足為奇」。然而，哲學（嚴格來說是西洋哲學）的起源地是歐洲，那裡普遍缺乏「理所當然」的概念。主要語言與飲食習慣截然不同的眾多人們一起生活在同一片土地上，難以發展出「理所當然」的生活概念。

日本會將用餐稱之為「吃飯」，實際上的主食亦為「米飯」；英語稱用餐為「meal」，卻沒有名為「meal」的食物。許多人以麵包（bread）為主食，雖有例外，但基本上不會將「麵包」當作用膳的代名詞。餐桌上的主食取決於群體與文化習慣，各不相同。

因此，在這片廣闊的歐洲大陸生活的人們，難免會萌生出這類的疑惑：「我『習以為常』的日常，也是他人『司空見慣』的風景嗎？什麼樣的『理所當然』放諸四海皆準呢？」特別是第二道問題，為哲學、基督教等帶來無比深遠的影響。

反之，對生活中「司空見慣」的事情感到「理所當然」的人，較少開啟哲學的思考。日本採取的教育方式，傾向告訴孩子們「那件事很『正常』，這件事也很『普通』。」若反問：「當真是如此『無庸置疑』的事情嗎？」孩子就會被貼上「性格叛逆」或「不乖」等標籤。或許，這就是致使日本人不擅長哲學的原因之一吧。

以上言論絕不代表「日本對哲學一竅不通」。根深柢固的「理所當然」意味著人們行動與思考方式等共通點很多，才能形塑出日本特有的「和式思維」。當災害等情況發生，人們循規蹈矩地採取行動，少有暴動情事，是日本享譽世界的一大優點，也是這片土壤孕育出日本豐富且別具一格的獨特文化。

舉例來說，日本境內歷經千秋萬代的寺廟多不勝數，之所以能留存至今，是過去的幕府或掌權者認為「尚有價值，應當留存」，才得以續存。倘若對事物缺乏共同的價值觀，諸如金閣寺這類古蹟，在江戶幕府成立之初，可能就會令掌權者氣憤：「什麼！這座廟是室町幕府蓋的！把它毀了再蓋一座新的」，而因此被弭平也說不定。

■ 地基穩固的日本文化

此外，日本人擅長「順應既存的事物」。例如人到美國，就順應美式生活；去了非洲，就融入非洲習慣；據說日本人行走海外，都能順利適應當地的生活，似乎還衍生出另一種說法：「日本人是世界上最難罹患思鄉病的民族。」

這是因為他們特別能接受「理所當然」的事物。對日本人而言，就是擁抱了當地人「司空見慣」的風景，且不疑有他地成為其中的一員。綜觀體育賽場（當然，這邊僅指習慣傾向），日本選手往往能在既定規則內拿出最佳表現，也幾乎不會對裁判做出的判決表達強烈的抗議。反之，其他國家的選手不僅會對結果提出過激的抗議，甚至會質疑「規則根本就有問題！」進而要求大會修改比賽規定。

日本的文化「地基相當穩固」，因此，人們能夠安然自得地在這層基礎上做好每一件事。若是其餘「地基不甚堅固」的文化，勢必得先從「打好地基」下手，去「建立共同的『普遍性』」。話說回來，日本人在文化的地基上發展出層層學問，也獲得數座諾貝爾獎的殊榮，但大多數人卻對「地基」本身的哲學毫無興致。

所幸，日本不會是永遠的「單一民族國家」。抱持各種文化基礎的外國人紛至沓來，遠端技術日新月異，與不同文化的人交流的機會也日益增加。在往後的時代裡仍須仰賴哲學，為多元文化扎下深厚的根基。

1-7 哲學史的巨大空洞

■ 哲學的時間軸

自西元前六百年左右起，哲學橫越了兩千六百多年的時空，期間無數次地摧毀既定的「理所當然」，並重新建構全新的「理所當然」。因此，哲學的歷史相當於「理所當然」的歷史。

學習歷史時，我們習慣翻閱從古代講述至現代的書籍或教科書，無論如何，時間順序是學習歷史的關鍵要素。

若教科書依照以下順序撰寫日本歷史，其脈絡簡潔明瞭：「室町幕府衰亡」↓「進入群雄割據的時代」↓「織田信長嶄露頭角」↓「被明智光秀幹掉」↓「豐臣秀吉承襲其偉業」→「關原之戰告捷的德川家康開創江戶幕府時代」。但是，若打亂時間軸或抽換掉關鍵的事件，歷史的演進就會變得錯綜複雜；即請試著移除或替換上述的歷史事件，歷史應會出現翻天覆地的變化。

同理可證，只要把握時間順序，哲學便不再晦澀難解。當然，因為偏愛尼采，只研究他的哲學也無妨，不過，學習其哲學，勢必會讀到「啟發尼采的先進」與「受尼采薰陶的後世」，這多多少少會勾起人們的好奇心。**若要掌握尼采的思想，必須先理解兩個問題，第一，他「否定了哪些『理所當然』」，以及第二，他「建構了什麼樣的『理所當然』」。**

該道理不僅限於尼采，還涵蓋柏拉圖或亞里斯多德，連笛卡兒、康德、叔本華也不例外。好比歷史以「信長→秀吉→家康」的順序發展，哲學也依循著「蘇格拉底→柏拉圖→亞里斯多德」的軌跡邁進。

■日本人難讀懂哲學的原因

說是那麼說，但實際上在講述哲學的系統中（特別是日本的哲學教育），其發展脈絡不易「用時間軸呈現」。以日本史為例，教科書會依照繩紋時代、彌生時代、古墳時代的順序，一路撰寫至大正、昭和、平成、令和年為止，期間並無空窗年代。

然而，翻閱哲學或倫理的課本，西元前六世紀左右的泰利斯到西元前四世紀前後的亞里斯多德，能大略歸納出時間的順序，此後的哲學記載驟減，直到西元一～二世紀基督教成立、三～四世紀柏拉圖主義誕生，才勉強接下哲學演進的棒子。不過此後又經歷一段空白，再翻頁已是與西元十五世紀的文藝復興有關的內容，相當於穿過了一千年以上的時空。

以日本史來解讀這個概念的話，便是上頁還在描述彌生時代，一翻頁突然冒出織田信長。出現這麼長的斷層，讀者也難以從中梳理脈絡，這是許多人無法讀懂哲學的重要因素。

文藝復興一詞具有「復活」的涵義，但是突如其來的「復活」，只會讓人困惑：「蛤？是要復活什麼？」正確地說，文藝復興意指「復甦古典時代（希臘、羅馬時代）」，從哲學層面來看就是「回到柏拉圖與亞里斯多德的時代」。

試想一下，才剛闡述完柏拉圖與亞里斯多德的思想，翻頁又立刻寫「要復甦柏拉圖與亞里斯多的思想」，聽起來，讀哲學備感吃力也是理所當然的事。

■「基督教的時代」裡也有哲學！

那麼，是什麼原因導致了這一千年的斷層呢？因為，空白的一千年是屬於「基督教的時代」。在哲學與倫理的課堂裡，以近千年的篇幅講解基督教時代的思想，而淪為宗教與基督教的課程，所以難以單純以「哲學」論之。

另一派說法則認為，這一千年間為「科學與哲學受基督教迫害而停滯不前的暗黑時代」。但是，這在當時的時空裡是「司空見慣」的現象，若缺乏這個概念，就無法透徹理解「理所當然」的歷史。

再者，嚴格說來，基督教時代也不算哲學的「暗黑時代」。之後會為各位逐步解析，正因為基督教時期為哲學打好深厚的地基，哲學到了近代才得以開花結果。

對以基督教為文化根基的歐美國家而言，研究哲學時得經歷這段空白時期是無傷大雅的小問題。原因在於，即使歷經兩千多年的時光，聖經的內容也從未被改寫，所以研究哲學的歐美學生早已知悉基督教時期的價值觀，對其所呈現的「理所當然」也不陌生。理解古代教會塑造出了何種「理所當然」的光景，也就明白文藝復興以後的哲學家會如何批判那些「理所當然」了。

然而，對基督教、聖經一知半解的日本人無法看得如此透徹。大家不清楚基督教時代塑造出哪些「理所當然」。換句話說，**只要理解基督教聖經建立了哪些延續千年的「理所當然」，就能填補時間軸上的巨大空洞，哲學也不再艱澀難讀了。**

不單是填補時間軸的空缺而已。由基督教建構且蓬勃發展近千年的「理所當然」是哲學史上規模最宏偉的「理所當然」，為後來的近世與近代哲學帶來深遠的影響。若無法理解這一部分，便難以領會哲學家所欲傳達的深意。

例如，尼采曾說「上帝已死」，這是對基督教的強烈否定。他否定了基督教，卻非對其視而不見；若僅是視而不見，那麼無需特地通曉基督教，也能研究尼采的哲學。然而，正因為他否定了基督教，因此不去理解基督教，便無從得知「他所否定的是什麼」，更難以領會他的核心思想。

■ 理解神，才能否定神

進一步來說，近世哲學發展於「肯定神／否定神」的座標軸中。齊克果與尼采同為存在主義哲學家，前者肯定神，後者否定神。**近世哲學闡述的思想，不從「存在與否」的角度來看待「神」或「教會」這種龐大的「理所當然」，而是以「如何看待他們」作為探討的重點。**

如此一來，學習這類哲學的難易程度也出現天壤之別，這取決於你對此巨大「理所當然」瞭若指掌或一無所知。

從日本職棒的角度來看，作為巨人隊的黑粉，也需要對巨人隊抱持一定程度的理解，搞不好比支持者更加了解巨人隊呢！哲學也是相同道理。即斥責巨人隊之前勢必得充分理解巨人隊；否定「神」之前，也得對神有巨細靡遺的認識。

我的意思是說，當我們觀看職棒的時候，無論是否成為巨人隊的支持者或黑粉，都應先做功課了解巨人隊，才能更容易看懂比賽的情勢。

接下來，終於要開始講述「理所當然的歷史」，同時為各位解析哲學與聖經了。談到「哲學」或「聖經」，總給人必須正襟危坐、專注聆聽的印象；但我希望至少在翻閱本書時，讀者們能一邊輕鬆自在地閱讀，一邊坐在暖爐桌裡享用著蜜柑，或舒服地躺在床上，總之，任何方式都無妨。

我的筆調相當隨興，隨興到想認真學習哲學或聖經的讀者可能會生氣的程度。首先，請各位先拋棄「哲學好難」或「哲學讓人望而生卻」等「既定印象」吧。

第2章

哲學誕生於希臘

2-1

最早的哲學家們

■哲學從何時開始?

在哲學出現以前的時代，世界的構成與運作皆以神話為基準。

雖然現代人一提到希臘神話，多半會聯想到「與星座相關的故事」，但神話在過去多用來「解釋天地萬物的故事」。在當時，人們對神話的內容深信不疑是相當「理所當然」的光景。

那時人們「根深柢固」的常識是：世界是「眾神創造的存在，且由眾神主導」。

隨著農業技術蓬勃發展，聚落逐漸擴張，曾經的「常識」也不再如此絕對。過往，聚落與聚落之間相距甚遠，缺乏互相交流的場域。然而，由於農耕面積（領土）擴大，聚落間的邊境相互接壤，人們逐漸接觸到認知以外的事實。

「什麼？隔壁村的傢伙相信的神話跟我們不一樣！」

神話迥然不同意味著雙方認知的「理所當然」有落差。於是，有些人開始思考：「對信奉兩種相異神話的人來說，什麼樣的『常識』才是共通的生活體驗？該如何找出這種『理所當然』呢？」這是哲學的開頭，也是學問的起源。

■ 第一位哲學家：泰利斯

哲學的歷史可以追溯到西元前七世紀，由希臘人泰利斯開創先河。泰利斯具有「史上第一位哲學家」的稱號。為什麼被稱為史上第一人呢？簡單扼要地說，他是「脫離神話框架」的人。如前文所言，在此之前的「理所當然」皆基於神話而生，且在碰撞到其他的「理所當然」後逐漸分崩離析。

見此情景，泰利斯猛地發覺，不管人們篤信何種神話，石頭就是石頭、肉體就是肉體。他從該著眼點延伸思考，眼前所見的「物質」，其根源對信奉任何神話的人來說都是相同的吧？

「這個房子由石頭砌成，那石頭由什麼組成呢？」

「血肉形塑出肉體，那血肉本身是什麼呢？」

「血肉與石頭的不同之處在哪？難不成它們均由相同的物體構成？」

泰利斯左思右想，最終整理出一個結論：**「萬物的本原（arche）是水。」**在他的思考邏輯中，石頭也好，肉體也罷，萬物的源頭皆指向水，依水而生，由水而終。從現代的科學角度來看，大抵會覺得這個結論根本是「一派胡言」。

不過，泰利斯的厲害之處並非「水是萬物之始」的結論，而是**「萬物同源」**的思考方式。現代的科學理論中，所有物體皆由分子建構而成，分子之下又有原子。原子是原子核與電子的組成物，而原子核由中子與質子合成……接著，不斷向下追尋物體的源頭，就會發現一切的起源與泰利斯的思想不謀而合；說他是基本粒子學的始祖也不為過。

現今化學的前身是煉金術。煉金術師（alchemist）的語源就是古希臘語「arkhḗ」，意味著「掌握萬物本原的人」。換言之，開始思考「萬物的本原」為何物的時間點，簡直可說是今日化學的起點。直到現在，高中化學課本的開頭仍會介紹到泰利斯的名諱。

意欲「理解」世界根源的渴望，從而反覆思索「微觀世界」的一切，**並質疑物體本身的存在是否為「理所當然」的事——這個人，就是泰利斯**。

稍微岔開話題。泰利斯也精通天文學，當時有人嘲諷他：「聽說你在研究哲學，但感覺你口袋裡沒多少錢，哲學不好謀生吧。」這番話惹火了泰利斯，他於是運用天文知識預測「明年橄欖將會大豐收」，並買斷了使用橄欖壓榨機的權利。

隔年，正如泰利斯所預期的，橄欖碩果纍纍，他早標了個好價格，靠販售橄欖壓榨機的使用權大賺了一筆。他說：「對我而言，成為有錢人是件輕而易舉的事，不過我一點都不感興趣。」幾乎可說是現代期貨買賣的始作俑者。

從前認為，「農作物的豐收與否端看老天的臉色」，是相當「理所當然」的想法；然而，當收成可以預測，這種「理所當然」也蕩然無存了。

■萬物的根源究竟是什麼？

泰利斯抛出了「萬物的本原為何」的疑問，一眾科學家於後議論不已。赫拉克利特認為是「火」，畢達哥拉斯（Pythagoras）覺得是「數」，恩培多克勒（Empedocles）口中吐出猶如某種 RPG（角色扮演）遊戲才會出現的元素：「土壤、空氣、火，還有水！」阿那克西曼德（Anaximander）則用「阿派朗（apeiron，無限定之物）」這種晦澀的詞彙界定了萬物的本原。阿那克薩哥拉（Anaxagoras）說是「種子」，其弟子德謨克利特（Democritus）的答案是「atomos」，意思是「不可再分割之物」，形成了「原子論」的雛形。能在顯微鏡等設備尚未問世的時代裡，率先提出「原子」的概念，確實卓越不凡。

……以上洋洋灑灑列了不少例子，其中，赫拉克利特口中的「火」，來自他的理論：「萬物會持續發生變化，因此不具特定的根源。」「火」成為「變化」的象徵；畢達哥拉斯的「數」，指的是「數學公式」與「規則」；恩培多克勒說「土壤、空氣、火，還有水」，是因為他認為萬物根源由「複數的物體組合而成」。這麼一想，若從現代科學的層面來看，他們的理論都具有相當程度的合理性。

綜上所述，在人們認為世間萬物皆以神話為依歸是「理所當然」的時代裡，出現了「我無法接受這種說法」的聲音，於是人們看著「目光所及的事物」開始思索：**「是眼睛看不見的東西構成了你我所見的事物！」這就是哲學的開端**。在這當中更有一群人，在眼見為憑的時代裡，任憑思想奔馳於目不能及的世界，他們即是最早的哲學家們。

2-2  怪人輩出的三個學派

■提倡「享樂主義」、實則質樸的伊比鳩魯學派

「物質的根源」這道問題最終發展成「人應該如何活著」的思辨。受到「原子論」創始者德謨克利特的啟迪，伊比鳩魯橫空出世。他的思考方式如下：

人類不過是一團原子的組成物。世界上不存在眼睛看不見的東西，其中當然包含神以及死後的世界。毋須恐懼死亡，當我們活在世上，死亡不會到來；死亡降臨的瞬間，我們早已不存在。所以，人要趁活著的時候盡情追求自己的幸福與快樂。

根據此一信念，伊比鳩魯提出「享樂主義」的概念，並成立名為「伊比鳩魯學

派」的組織，過著團體生活。聽到「享樂主義的團體生活」，難免讓人聯想到縱容欲望的荒淫生活與酒池肉林的世界，實際上，伊比鳩魯的日常與此截然不同。

伊比鳩魯認為「幸福是心靈上的平和」。因此，為了獲得幸福，「人只要滿足自然且必要的欲求即可，欲求不滿只會使人心浮氣燥，反而成為邁向幸福的絆腳石。」

他將欲求分成三類，分別是「自然且必須的欲求（健康、衣食住、友情等）」、「自然但非必要的欲求（奢侈的生活）」以及「既不自然也非必要的欲求（名聲、權力等）」，並以第一種欲求作為其生活的信念。也就是說，僅需健康、衣食住與友情即可過上好日子。由此可知，雖然他們大舉「享樂主義」的旗幟，實則遠離世俗，過著質樸且心安理得的生活。

簡而言之，享樂主義的宗旨是**「放下身外之物，幸福近在眼前」**，相當切合今日佛教與老子的思想。有趣之處在於，享樂主義誕生於唯物論。唯物論總給人「世界是枯燥乏味且機械化」的印象；然而，實際上並非如此。

■嚴以律己的斯多葛學派

與伊比鳩魯的享樂主義針鋒相對的思想是「斯多葛學派」的擁護者，他們覺得：「享樂主義是不對的！」

現代用於形容「堅忍克己」的英文「stoic」，其語源即是「斯多葛學派」（Stoicism）。讀到這，想必各位也不難想像這些人過著什麼樣的日子了吧。

斯多葛學派倡導**「人生的目標是廣積善德」**。從他們的角度看來，幸福是實踐樞德的結果，也就是順其自然的產物，而不是汲汲營營的追求。其信念為「越臻完美的知性與道德，才能引導人們做出正確的判斷，同時避免人的心緒遭受擾亂。」簡單說就是將人生投在不斷提升知性與道德修養上。如同活在過時又古板的「昭和」世界，訓勉眾人：「生而為人，別老是指望獲得幸福！」同時，斯多葛學派奉此生活之道為「人生的典範」且廣為宣傳，獲得人們的尊敬。這點與遠離塵囂的伊比鳩魯派形成強烈對比。

斯多葛學派的想法是「不受『神的恩惠』與『命運』左右，應透過自身的努力讓人生發光發熱。」由於訴求強而有力，為中世紀或近世君王、貴族們帶來莫大的影響。

因為「身為領導者，為了做出正確的判斷，必須精益求精、提升自己」！將斯多葛主義發揚光大而留名千古的君王，是西元二世紀的羅馬皇帝馬可・奧理略（Marcus Aurelius），後世尊稱他為理想的「哲學家皇帝」，他主張「越是位高權重，越有義務維持與其相襯的高貴品德」，也就是今日仍為人崇尚的「貴族義務」（noblesse oblige），這也是斯多葛學派的產物。

斯多葛學派以「實際行動」來追求人生價值，伊比鳩魯學派則以「無為而治」作為人生價值的歸屬。兩者讀起來猶如東方的孔孟思想（以孔子與孟子為核心的儒學）與老莊思想（老子與莊子主張的道家思想）之間的關係。前者以「社會整體為主」，因此主詞常用「我們」；後者重視「自我的狀態」，主詞為「我」。

無論是斯多葛學派與伊比鳩魯學派，還是孔孟思想與老莊思想，皆為兩兩相對的群體，討論的核心著重於應追求集體的和諧（我們）還是個人的自由（我）？從古至今，哲學的主詞都在「我們」與「我」之間搖擺不定。

■被喻為「狗」的犬儒學派

第三個派別是被稱為「昔尼克主義」（Cynicism）的一群人。「Cynicism」是英文「cynic」的語源，現代用來形容「憤世嫉俗者」，此外，該學派的別名為「犬儒學派」。**由於他們不將物質生活放在心上，過著無處為家、不修邊幅的生活，與「野犬」沒有區別，因此獲稱犬儒學派**。

相較於斯多葛學派胸懷「福國利民」與「促進人類發展」等大志，犬儒學派倡言：「國家利益不是我們的首要考量，能更隨興地活著就好。」伊比鳩魯學派與斯多葛學派都「正經」地生活；相比之下，犬儒學派就是徹底的社會邊緣人了。

第歐根尼（Diogenēs）可說是犬儒學派的代表人物，無家可歸的他以一個大酒

桶為家，因此又被稱作「**酒桶裡的第歐根尼**」。

相傳亞歷山大大帝行經此地，人們見他紛紛退至道路兩側、俯首行禮，只有第歐根尼大剌剌地躺臥在路中央。亞歷山大不解地問：「何不向本王行禮？」第歐根尼卻反問：「你是好人還是壞人？」

亞歷山大回答：「我是好人！」第歐根尼接下去說：「你若真是好人，不會因為我沒行禮就要我的命；你若是壞人，不值得我行禮。所以，不管你是哪種人，我都不需要向你行禮。」

對此，亞歷山大只能苦笑著原諒他的無禮。

……如此這般，犬儒學派的行為表現活脫脫像個「與社會脫節的怪人」。第歐根尼不僅對亞歷山大大帝出言不遜，連街頭巷尾也很受不了他的巧言舌辯，然而他又是個讓人憎恨不起來的人物，據說當他居住的酒桶被盜賊破壞後，街坊鄰里紛紛掏出錢來，做了一個全新大酒桶給他住。

以上分別介紹了伊比鳩魯學派、斯多葛學派與犬儒學派，三個學派之間的共通點是認為**「住在氣派的大房子、享盡山珍海味、坐擁名聲與權力等，都不能與幸福畫上等號」**。

在他們出現之前，對人們來說，幸福的標準是住奢華的家、餐餐大魚大肉、娶漂亮老婆等，哲學家們推翻了人們眼中的「理所當然」，並為後世留下深遠的影響。

2-3

蘇格拉底與普羅達哥拉斯

——「真理」誰說了算？

■「煩人的老頭」——蘇格拉底

時光倒轉一下，回到伊比鳩魯學派與斯多葛學派出現前不久、約莫是德謨克利特構思出原子論的前一陣子。那時有一位詭異的老頭出沒在古雅典城邦（今日的雅典）的街道上……

怪老頭遊走於熙來攘往的路上，逢人就問：「把你懂的事情都告訴我。」路人大方分享，卻換得一頓不明所以的挖苦：「聽你長篇大論說這麼多，但其實你根本一無所知嘛。跟你說，我什麼都不懂。不過，光是我知道自己愚昧無知，就比你更接近真理。哈、哈、哈！」老頭也因此不受往來的人們待見。

老頭名叫蘇格拉底，就是與耶穌基督、釋迦牟尼、孔子並稱為「世界四大聖賢」的人物，然而他的生活並不如其顯赫的名聲那麼「高尚」，總是像這樣在街上遊蕩，纏著年輕人與知識分子「開啟一場談話」，藉此打發時間。換作現代，他就像是那位「住在附近的奇怪老頭，開口閉口都是些令人摸不著頭緒的事情」。

順帶一提，相傳蘇格拉底沒有穩定的工作，因此家境貧寒，他老婆一年到頭都在生他的氣，時常發牢騷：「別整天就只會說些有的沒的！給我去工作！！」

話說回來，假如蘇格拉底單純是個「煩人的老頭」，也不會在後世獲得「哲學家的代名詞」這類名號。從本書的定義來看，他之所以為一名哲學家，正是因為他「改變了既定的『理所當然』」。那麼，究竟蘇格拉底破壞了什麼樣的「普遍現象」呢？

當時，人們不再像過去以「神話」作為「理所當然」的生活依據，因此對生活該以什麼為基準感到困惑。接著，在西元前四六〇年左右、大約是蘇格拉底十歲的時候，出現一位名為普羅達哥拉斯的人物，他說：「人是萬物的尺度。」言簡意賅地說就是「想要以什麼標準來生活，不是神說了算，只要人類自己決定就好了。」

以現代的觀點而言，是再合理不過的主張了。

但是，這句話在不久後演變成一種思維：「來辯啊，講贏了就承認你對。」甚至還出現「為了證明自己的論點是對的，得先培養辯論技巧」的情況，顯然已經本末倒置了。也正因如此，古雅典城邦興起了一場辯論熱潮。

■「贏了」辯論有什麼好處？

在上述背景下，專精辯論的人開始開班授課，教授辯論技巧，並以此賺取費用，一種新興的職業應運而生。該職業叫做「智辯士」（sophist，傳授智慧的人），普羅達哥拉斯正是智辯士的頂尖人物。無論是使用詭辯還是其他技巧，只要能贏得辯論，就能主張自己的論點是正確的。因此，支付給智辯士的學費也跟著水漲船高。

智辯士的影響力逐漸滲透進古雅典城邦的政治，政治家們不再專注於治理國家，反而是全神貫注在如何擊敗政敵的辯論上，政治攻防轉變成專挑政敵語病的辯

論角力。這意味著，只要在辯論中取勝，就有機會成為當權者，這下子好不容易建立起的民主制度也因此停擺。（這場面似乎有點熟悉，對吧？）

如此這般，講授辯論技巧的智辯士身價如同泡泡一般飛速攀升，據說普羅達哥拉斯只要教一堂課，獲得的報酬甚至足以購買一艘軍艦。面對這樣的世道，蘇格拉底站出來大聲疾呼：「離譜至極！」他認為：**「辯論的輸贏並不重要，即便肉眼無法直接看見，事物的『正確性』確實存在。」**因此，他決心對抗智辯士們。

蘇格拉底的辯論法稱為**「反詰法」**或**「產婆術」**。其原理是不主動發表意見，而是藉由向對手提問，讓對手思考並引導出答案。乍聽之下似乎是個不錯的方法，但以現代辯論規則而言，算是有些小犯規了。讓我們從以下範例理解原因：

「你知道蘋果是什麼嗎？」

「又紅又甜的果實。」

「甜是什麼樣的味道？」

「……！？」

「紅是什麼樣的顏色？」

「……！？」

「如果你連紅跟甜都無法解釋，那你根本不了解蘋果呀。」

是不是有點奸詐？自己不進行任何主張，只管向對手提問，問到對方露出破綻為止。當然，蘇格拉底實際上的質問更加高明，但也不過是透過一次又一次的提問，等待對手答案中的矛盾。在辯論中，以問題反駁問題的方式難以獲得青睞，甚至是一種犯規的行為，蘇格拉底卻始終如一。無論對手拋來什麼樣的問題，他總是說：「因為我不懂，請你告訴我。」真的是個難纏的老頭呢……。

■「無知即知」的論點招人厭惡

然而，蘇格拉底利用詰問的辯論技巧，並不是單純地想刁難對手。他希望那些自誇「我什麼都懂！」的對手，**能夠意識到「這世界其實也存在著自己不知道的事情」**。這就是他著名的**「無知即知」**。

擁有「無知」的自覺，成為學問、考究與思索的起點。因為「自認為明白」的人，通常不會進一步探討或追求已知的事物。蘇格拉底的意思是：「世界上還存在著許多未知的事物呢，讓我們一起思考吧！」

他絕對不是懷著惡意的心態，並未想著：「讓那個自以為是的傢伙出糗！給他一個教訓！活該啦！」

儘管如此，蘇格拉底的行為依然招人厭惡，尤其是智辯士們特別憎恨他。這也難怪，畢竟他擋了智辯士們的財路。就這樣，蘇格拉底被冠上「擾亂社會秩序，引導年輕人墮落」的罪名而鋃鐺入獄，最終被判處死刑。而其弟子柏拉圖將審判的過

程記錄下來，寫成《蘇格拉底的申辯》之書。

雖然有許多人討厭蘇格拉底，但也不乏有敬愛他的人，柏拉圖即是其中一位。其實在眾人的幫助下，蘇格拉底也能設法越獄、擺脫死劫；但他卻放棄這個選擇，坦然地舉起毒酒一飲而盡，結束了自己的生命。

越獄對蘇格拉底來說是一件「不正確的事」，即便周圍的人們都認為他「可以」如此做，也不是他應該選擇的行動。如果從智辯士的思考邏輯來看，只要有足夠多的人認同越獄的行為，那就是「正義」。

但蘇格拉底的思維是：**「不管有多少人支持我或否定我，『正確的事』都不會改變。」**

蘇格拉底否定的「理所當然」是「真理可以透過辯論與多數決來決定」。同時他也主張三種「理所當然」，其一，**「真理不會被人類的意見左右」**；其二，**「人不能只是活著，而是要活得善良且有意義」**，以及深刻影響現代學術思想的第三點：**「知道什麼」並不值得驕傲，承認自己的「無知」才是人類最重要的品格**。

在哲學史、學術史，甚至整個人類歷史中，蘇格拉底都是一位奠定了無比重要的「理所當然」觀點的偉大人物。

■新的「理所當然」與舊的「理所當然」

聖經裡有這樣一句話：

「飢渴慕義的人有福了，因為他們必得飽足。」（《馬太福音》5:6）

蘇格拉底或許會補充說道：「無知的人是幸福的，因他們還能學到新的知識。」

另一方面，當談論到蘇格拉底時，以普羅達哥拉斯為首、總是被塑造成「反派角色」的智辯士們，其實也提供了一種同樣適用於現代、相當普遍的「理所當然」。那就是與蘇格拉底之觀點相反的「真理取決於人」。用更現代的話語來解釋，意即：「是好是壞，各自決定不就好了嗎？」此種觀點裡不存在絕對的正義與價值觀，人們只憑自身的情況去設想好壞對錯就可以了。

現代社會的「多元價值觀」與蘇格拉底提倡的「理所當然」相悖，反而更接近普羅達哥拉斯主張的「理所當然」。

……也就是說，所謂的「理所當然」本身並無善惡與優劣之分。新的「理所當然」未必比舊的更好，而某個時代中衰微的「理所當然」也不一定比較差。

倘若在當今社會舉辦一次匿名投票，看看蘇格拉底與普羅達哥拉斯誰的「理所當然」能獲得大眾青睞，我想八成會是普羅達哥拉斯更勝一籌吧。畢竟，比起「這世界擁有的絕對正義！」，主張「正義因人而異」聽起來更動聽，也較不易引發爭議。

由此可見，「多元價值觀」並不是西元二十一世紀才出現的嶄新思想，而是早在西元前就已出現的思維。

2-4

柏拉圖——「真實之物」不可見

■實際上是肌肉猛男的哲學家

蘇格拉底從未親手動筆寫過一本書。不過，他的思想得以流傳至今，全賴他的弟子柏拉圖將其哲學理念與言行舉止記錄下來。

說到柏拉圖，他與其弟子亞里斯多德享譽盛名，被稱為「史上最強哲學家」完全是實至名歸，可堪稱「智慧的巨人」。後世的哲學家懷德海（Whitehead）甚至評論道：「至今為止的所有哲學，不過是柏拉圖哲學的注釋而已。」

不過，柏拉圖其實不是他的真名，其本名叫亞里斯多克勒斯（Aristokles）。由於他的體格相當健壯，又擅長格鬥，人們紛紛稱呼他為「柏拉圖」，其希臘語的

語境是「肩膀寬闊的人」。提到哲學家，給人的形象總是纖細又瘦弱，但實際上，柏拉圖絕對是名肌肉猛男喔！

柏拉圖在名為「阿卡德梅亞」（Ἀκαδημία）的地方建立了一間鑽研學問的場所，據說該場域是世界上第一所大學。這個研究場所也被賦予了與所在地相同的名稱「阿卡德梅亞」，即是英語「academy」（學院）與形容詞「academic」（學術上的）的語源。僅從這一點，就能看出柏拉圖為後世學術界帶來的巨大影響。

「阿卡德梅亞」學院創建於西元前三八七年，最終於西元五二九年關閉，它引領學術界鑽研學問將近九個世紀。以日本的歷史來比較，相當於平安時代末期所成立的學術機構，至今仍以大學的形式存在。「阿卡德梅亞」學院的研究範疇不僅有哲學，也涉略算數、幾何學、天文學等五花八門的學科，簡直是一所綜合大學。

■柏拉圖的二元論

我們能簡略地將柏拉圖的核心思想歸納成「二元論」。柏拉圖認為，人類這樣的存在由「精神」與「肉體」兩個要素構成，其中，精神是人的本質。**而且，不僅是人類，所有事物皆包含「眼睛看得見的部分」與「無法被看見的本質」**。

「無法被看見的本質」稱作「理念」（idea），理念存在的世界叫做「理念界」。

你我所生活的可見世界，只是理念界的影子而已。柏拉圖主張所有事物的本質都存在於理念界當中。在柏拉圖之前，「眼睛看不見的東西不存在」是人們認知上的「理所當然」。反過來說就是「存在的東西是必然可見的」。當然，像空氣這種本身無法被眼睛捕捉到的事物，便能透過「空氣的流動形成風，將葉片吹向空中」的現象觀察到它的存在。同理，在泰利斯或德謨克利特等人的討論中，我們雖看不見本原或原子，但可以看見也觸摸得到它們的集合體——物質。然而，柏拉圖提出**「有一個無法用人的感官認識的世界存在」**的論點，徹底顛覆了過去的「理所當然」。

■眼前的三角形，是真的「三角形」嗎？

假如這裡有一個三角形。任何人看到它，都會說：「這個是三角形。」這很好理解。但是，眼前的圖形並不是完美的三角形。三角形的定義是：「將不在同一直線上的三個點，用三條線段連接而成的圖形。」如果要在書上呈現這樣的概念，就必須用墨水印刷。只是，墨水印刷出來的線條會有暈開的痕跡，若從顯微鏡觀察會發現，這些線條稱不上真正的「直線」。

實際上，「線」本身是沒有厚度的東西，但這些線條會在印刷的時候因墨水而產生一定的厚度；因此嚴格來說，這些線條並不是「線」，而是細緻的「面」。恍然大悟了吧！若要以嚴格定義的「線」來繪製，這個圖形將無法用肉眼看見。

意思是，眼睛是看不見完美的三角形，那麼，眼睛能看見的三角形，絕不是完美的三角形。

然而，人們普遍地將這個「非實際三角形的圖形」當作「真正的三角形」。根據柏拉圖的理論，人類在誕生於世之前，存在於所謂的理念界。在那兒，人們接觸所有事物的完美型態，因此當人類看見這個「非實際三角形的圖形」，就會回憶（anamnesis）起曾於理念界見過的「真正的三角形」。

總的來說，人類拿自己在理念界見過的完整線段，取代了不完整線段所構成的非完整三角形，從而在腦海中建構出「完整三角形」的認知。

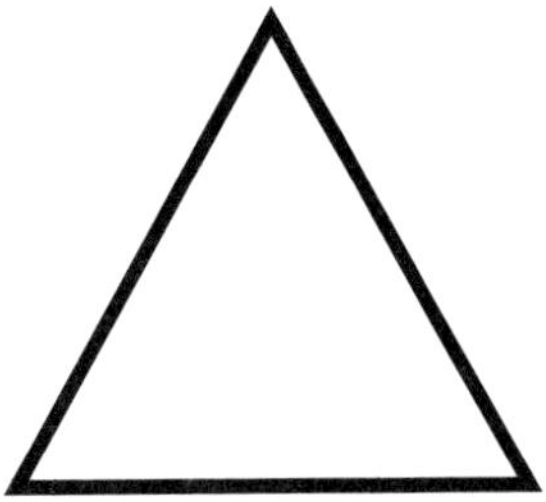

三角形的圖形是真的「三角形」嗎？

■ 精神僅能以不完整的狀態顯現

在柏拉圖的概念裡，人類與三角形相同，只能以肉體這種物體的形式存在於世，而作為人類存在本質的精神，無法完整地顯現在這個世界上。也因如此，**善與道德這類人們所追求的精神，也無法以完整的型態顯現在我們眼前**。

肉體受到飢餓、睡意與疲勞等感覺的限制。只要這些限制存在，精神便無法充分地運作；能夠讓精神完全發揮作用的地方，僅有理念界。相反地，如果能將肉體的限制降到最低，精神就有了更大的發揮空間。柏拉圖如是思考：**「肉體是惡，精神為善。」**這個觀點對後來基督教解讀聖經與教義的形成產生深遠的影響。例如，摩尼教與被教會視為異端的「諾斯底主義」（Gnosticism）就是受到此一觀點的啟發。

■ 柏拉圖與哲人政治

以上說明的「理念論」是柏拉圖思想中最著名的部分。用**「柏拉圖＝理念」**的方式來記憶也未嘗不可。以理念論為概念，柏拉圖進一步深思「國家是什麼？」與「什麼樣的人稱得上是理想的政治家」等問題。

在當時的「理所當然」觀念中，人們認為「驍勇善戰的人」與「辯才無礙的人」是優質的政治家。不過柏拉圖反駁道：「才不是這樣！」他覺得政治家不應該因肉體的限制，而妨礙自己做出「正確的行動」，也不應被欲望或本能左右。也就是說，唯有確實回憶起理念的哲學家，才是理想的政治家。這就是所謂的「哲人政治」。

柏拉圖之所以提倡「哲人政治」，大抵是因當時的古雅典政治已相當腐敗。

若選擇君主制，君主墮落之後易淪為獨裁統治；若選擇貴族制，貴族墮落以後則會流於寡頭政治；選擇民主制，民眾墮落之後會變成暴民政治。

無論選擇哪一種政治體制，最終的結果都會因人類的墮落而亂成一團。基於上述背景，柏拉圖才會想：既然如此，**應該讓「能確實回憶起理念、不會墮落的人」來治理國家**。

現代人往往會認為民主主義是「嶄新且正確」的政治理念，甚至會覺得「君主制等時代既落後又迂腐」；但實際上，從柏拉圖的時代開始，民主主義早已被反覆嘗試且歷經失敗。讓柏拉圖來評價的話，在君主制中，只要君王是一位哲人，就能防止墮落；但在民主主義中，所有人民都必須是哲人，才能避免走向腐敗。要是柏拉圖看到當今民主主義的模樣，八成會說：「看吧，我早就說過了。」

……以上我言簡意賅地介紹了柏拉圖的思想，請大家記得，柏拉圖的核心理念是：**「存在的本質就在那肉眼看不見的世界裡！」**

2-5

亞里斯多德——全學問之父

■ 與柏拉圖告別的亞里斯多德

哲學史上，若稱柏拉圖為西邊的泰斗，那亞里斯多德就是東邊的巨擘。**與其說亞里斯多德是最早的「哲學巨擘」，或許以「所有學問的頂尖人物」來稱呼他會更為貼切**。不僅是哲學的領域，若要說所有學問都曾受亞里斯多德的啟發也實不為過。他堪稱為人類史上最強的「智慧巨人」。

亞里斯多德本是柏拉圖的弟子，且在「阿卡德梅亞」學院鑽研學問。據說他在十七～十八歲左右入學，並持續進修二十年之久，早已成為柏拉圖的得意門生。

然而某天，他卻揮一揮衣袖，告別了「阿卡德梅亞」學院。據說柏拉圖還曾為

此感嘆：「亞里斯多德啊，你為什麼要走呢！」亞里斯多德離開的原因不得而知，興許是覺得：「在柏拉圖老師這邊學習二十年了，已明白自己的理念與老師不同。」因此決心離開，開啟自己的研究吧。在日本劍道的教學中，有個詞彙叫「守破離」，意思是徒弟要遵循師傅的教誨，待劍技融會貫通之後，跳脫學習的框架，最終遠離師道，走出自己的一片天。亞里斯多德正是實踐「守破離」精神的典範。

■ 世間萬物皆有四因

於柏拉圖的概念中，「存在的本質不在這個世界，而是在理念界。」亞里斯多德卻不這麼認為，他的想法是：**「我覺得不對，存在的本質確實存在這個世界！它存在於每一個事物當中，也就是說它體現於內在！」**

亞里斯多德認為，萬事萬物自身之中都包含了其存在所需的四大原因，分別是**「質料因（材料）」**、**「形式因（何種型態）」**、**「動力因（作用的力量）」**與**「目的因（為何存在）」**。

拿皮革外套來舉例的話，「質料因」是「皮革」，「形式因」是「前開式的長袖衣服」，「動力因」是「先鞣製皮革，將之剪裁後再縫紉」，「目的因」則是「為了禦寒或時尚而製作」。

基於四因，亞里斯多德跳脫出柏拉圖的理論，闡述：「要解釋存在，根本用不著搬出什麼看不見的世界！只要細心觀察事物本身，答案呼之欲出！」針對「質料因」，亞里斯多德採納了以前恩培多克勒提出的學說，認為**所有物質都由「火、空氣、水、土壤」組成，其元素以「溫／冷」或「溼／乾」的性質搭配組合**。

從今日的科學角度來看，可能會質疑這個思考方式「會不會太過簡單了」？但如果將它理解為「根據元素與其狀態，來決定物質顯現的方式」，其學說與現代科學之間並無矛盾。**相反地，可以說亞里斯多德在沒有顯微鏡的時代，就已經預見了現代科學的結論**。

若讀者們有時間，不妨找尋身邊十至二十種物品，試著用亞里斯多德的四因說來分析看看，可能會驚奇地發現某項物品不為人知的一面，或是有個全新的看待方式。

比方說，你可以向自己提問：「這個是用什麼材料做的？」或者「它採用了什麼樣的加工手法？」亞里斯多德孜孜不倦地完成一項又一項的作業，以他的四因來為萬事萬物進行分類。

■ 亞里斯多德與基督教

透過觀察各式各樣的物理運動，**亞里斯多德將遵循地球物理法則的世界稱為「地」，不遵從地球法則的世界稱為「天」。「地」的事物會隨時間變化，「天」則是恆常不變的**。

例如，位於高處的物體必然掉落至地面，但處於更高處的太陽、月亮與繁星卻不會掉下來；這也意味著，太陽、月亮與繁星屬於「天」的世界，是萬古不變的物體。此概念也成為古典物理學的「理所當然」，直到牛頓（Newton）提出，「無論是地面還是宇宙，都遵循著相同的物理法則」的觀點才被推翻。

此時，根據亞里斯多德的學說，天動說順勢成為當時世界的「理所當然」。他的理論是，以地球為中心，周圍圍繞著無數層次的「天」，每一個階層都有各自的運作軌跡。最外層的天上，存在著「第一推動者」，它是所有運動的起源。「第一推動者」也被稱為「神」，而這正是後來基督教教會支持天動說的原因。**亞里斯多德在學說中設定「神」的概念，使天動說高度契合基督教的主張**。此外，即便撇除這點不談，亞里斯多德逝世以後，「科學＝亞里斯多德」的時代持續綿延了兩千多年。因此，如果教會想端正科學性，等於間接認可了亞里斯多德的學說。

人們常誤解「基督教提倡天動說」，其實聖經中並未提及贊同天動說的經文。教會之所以會認同天動說，並非基於聖經，而是以亞里斯多德為依歸。這也代表歷史上著名的伽利略（Galileo）天動說爭議，並不是「基督教 v.s. 科學」的對立，而是「亞里斯多德 v.s. 新興科學」的角力。

■ 凡事最好適可而止

關於人類的生活方式，亞里斯多德並未採納柏拉圖倡議的「肉體為惡，精神為善」的二元論觀念。取而代之的是，他將「中庸」視為人類應有的精神。簡言之，即是「凡事適可而止」的自覺。

譬如介於「強悍」與「懦弱」的「勇氣」，就是一種恰到好處的態度。「強悍」

與「懦弱」都是人類與生俱來的個性；而智慧存在於兩者的平衡，平衡之中存在著人生至福。

柏拉圖將真理與幸福寄託在「位於此處以外」的理念界，和亞里斯多德的理念形成鮮明對比，他認為真理與幸福都在「此處」！

在柏拉圖的思想中，視覺、聽覺與任何感覺器官都是肉體的一部分；依賴感官可能會導向錯誤，應該透過內心的思考或回憶探詢出真理——意即追求「內向」的思想。而亞里斯多德言說，真理的探求必然始於利用五感觀察事物——即是「外向」的思想。現代人看來，亞里斯多德的觀點可能比柏拉圖更為正確，但這並不是「誰對誰錯」的問題。

過度執著於物質世界，世界將變得枯燥乏味；過於耽溺於精神世界，世界則會缺乏現實感。巧妙地在兩者之間找到「平衡點」，或許是未來世界的啟示也說不定。

■ 邏輯學之父

此外，亞里斯多德也奠定了邏輯學的基礎，他提出了「三段論證法」的邏輯概念並加以系統化。例如：蘇格拉底是人類，人類會死亡；因此蘇格拉底會死亡。以公式表達即為「A＝B，B＝C，故A＝C」。

首要之務是仔細觀察身處的世界，再從觀察的結果出發，以邏輯化的方式進一步探索，就能逐步靠近真理。此一觀念放諸各學術範疇皆「理所當然」，其倡導者正是亞里斯多德。

……寫到這，若要逐一舉例亞里斯多德所做之系統化的事物，恐怕一本書也寫不完。總之，請記得亞里斯多德是「為所有學問打好地基的人」。同時，也希望讀者們了解他的核心思想是：「把出發點放在眼前可見的世界裡！」順帶一提，亞里斯多德亦創立了一所學院，名為「呂刻昂（Lyceum）」，或許是為了與柏拉圖的「阿卡德梅亞」分庭抗禮，該學院同樣採用所在地的名稱來命名。亞里斯多德非常喜歡一邊散步，一邊向弟子傳授思想，因此他的學派獲稱「逍遙學派」，也就是「漫步學派」。感覺是不是很溫馨呢？

「呂刻昂」學院的壽命與「阿卡德梅亞」相當，它們就像是彼此的競爭對手，若以現代日本來比喻，類似「東京大學與京都大學」，或「應慶大學與早稻田大學」之間的對抗般。雙方在競爭的氛圍中，長達九百年孜孜不倦地研究學問。

2-6

希臘化時代——從希臘搭起通往基督教的橋梁

■各地因領土擴張而被摧毀的「理所當然」

從希臘到埃及、波斯（今日的伊朗），亞歷山大大帝建立了一個版圖幅員廣袤的龐大帝國，為世界帶來空前絕後的影響。在他出現之前，「國家」是分散在各處的城邦；亞歷山大大帝則將各城邦整合成一個「巨大的帝國」。原本完全獨立發展的各種文化（特別是希臘文化與波斯文化）有了交集、融合的機會，創造出許多嶄新的文化。從西元前三三〇年左右、亞歷山大大帝統治時期開始，到西元前三〇年最後的繼業國托勒密王朝（埃及）滅亡為止，這期間的三百年被稱為希臘化時代（Hellenistic period）。

由於耶穌・基督誕生於西元前四世紀，因此希臘化時代就好比一座橋梁，連接「蘇格拉底、柏拉圖、亞里斯多德」的時代與「基督教時代」。

亞歷山大的領土擴張政策，徹底顛覆了許多人在過往生活中認知的「理所當然」。原本習以為常的文化與社會制度發生了翻天覆地的變化，導致人們感到茫然，無措的提問者急遽增加，他們詢問：「社會究竟是什麼呢？」「我該用什麼心態生活呢？」

甚至有越來越多人相信：「社會變化無常，已不值得依賴。因此，追求自己的幸福才是正道！」他們多半投身於前文提及的伊比鳩魯學派與斯多葛學派；選擇犬儒學派的人反而不多，畢竟酒桶裡的生活一點也不教人嚮往。不管怎麼說，**當時的核心問題是：「『我』該怎麼辦才好？」**

另一方面，亞歷山大大帝的遠征建構出「更大的社會」。此前，人們普遍認為「自己是某個聚落（城邦）的居民與一份子」；版圖擴張後，人們萌生出新的認知：「我屬於世界，是世界的公民與成員」、「無論自己是哪一個城邦的居民，都改變不了其作為世界公民的身分」——這種「世界國家」的概念，稱作世界主義（Cosmopolitanism）。

在此背景下，**人們的思想朝兩個截然不同的方向發展，一邊是「個人主義（我）」，另一邊則是「更巨大的社會（我們）」**。這種對立的需求成為基督教時代的基礎；基督教正是能夠同時滿足兩種相反需求的信仰。

稍微岔開話題，如果耶穌・基督誕生的時間提前或延遲一百年……不，十年，甚至僅一年之差，基督教都可能無法發展至今日世界宗教的規模。倘若如此，世界將出現全然不同的風貌。

用基督教風格的話來說，可以解釋為「神在最完美的時刻賜予耶穌」。此處可引用聖經的語句：

「神造萬物，各按其時成為美好。」（《傳道書》3:11）

在基督教的理念裡，神並非存在人類以外的世界，而是直接干涉了人類的歷史。所以上帝的世界與人類歷史絕非毫無關聯，而是緊密相接的。

隨著歷史的演進，「理所當然」也產生了變化，哲學自然有所變動。換言之，神不僅介入歷史，同時也影響哲學。少了神的影響，歷史與哲學皆無法存在。基督教用「神直接參與人類歷史」的全新「理所當然」，取代了過去認為「眾神世界與人類的世界是截然不同的，因此神不介入人類歷史」這種舊的「理所當然」。

閒聊到此為止。回到正題，在世界主義的氛圍下，人們強烈意識到：「什麼是人類必須共同遵守，且能遵守的規則？」羅馬帝國的《萬民法》成為其中一個答案，這是一套超越人類種族、文化差異，所有人都必須遵守的法律。

這種適用於廣泛的範圍、成為不同文化與族群的共同規範，正是世界主義的產物。

■ 於是，希臘語成為了共同語言

從語言層面剖析，人們原本使用的語言各不相同，希臘語卻成為了共同的溝通語言。這使得更大範圍內的人們能分享彼此的思想與觀念。

隨著語言的統一，埃及的亞歷山大城建造了一座宏偉的圖書館[6]（mouseion，意即收藏書籍的博物館）。語言的一致化方便知識的積累。正如同缺乏通用貨幣，銀行會難以運作的道理；缺少共同語言的圖書館，存在的意義也大打折扣。從這個層面看來，圖書館就像一座「知識的銀行」。

此一發展代表哲學與各學問經歷了世界上一次巨大的「理所當然」轉換。這座圖書館培養出眾多偉大的學者，例如：幾何學巨擘歐幾里得（Euclid）、在物理學領域締造卓越貢獻的阿基米德（Archimedes）、近乎精確地計算出地球大小的埃拉托斯特尼（Eratosthenes）。除此之外，阿里斯塔克（Aristarchus）更是早在西元三世紀就提出地動說的理論。

順道一提，阿里斯塔克的理論曾於西元二世紀遭托勒密否定，直到哥白尼（Copernicus）出現之後才獲得承認。不過，據說哥白尼本身並不知曉阿里斯塔克這號人物。

即便如此，至今仍有人認為歐洲文明的基礎建立於兩大傳統：希伯來主義（Hebraism）與希臘化文化。希伯來主義指的是爾後出現的基督教及猶太教思想。

這意味著，**抱持「世界國家」此一認知的基督教，是推動歐洲文明發展的力量**。

之後，隨著托勒密王朝的殞落，亞歷山大大帝的影響力逐漸式微，但其後的羅馬帝國繼承了「世界國家」的概念，使世界主義才得以延續至今。「世界公民」這個詞彙聽起來很「新穎」，彷彿是現代的產物，但其實早在西元前就已存在。當時的人們已經開始思考：「如何才能讓不同種族與背景的人們，平和自在地共同生活？」這也正是今日仍不斷被討論的大哉問。

6 Mouseion 為英文博物館的語源，因此該建築物現多稱「亞歷山大博物館」。

2-7 新柏拉圖主義——從二元論到一元論

■「柏拉圖」不等同「新柏拉圖主義」

自柏拉圖與亞里斯多德掀起思想熱潮後過了五百五十年，希臘化時代也降下帷幕，此時，許多思想在社會上頻繁交流，其中有一群人提議說：「柏拉圖老師是偉大的聖賢！我們應該重讀他的思想！」他們重新詮釋柏拉圖的概念，創造了「新柏拉圖主義」（Neo-Platonism）。當中最具代表性的人物是普羅提諾（Plotinus），他大約出生於西元二〇五年，比耶穌．基督的時代晚了兩百年左右。因此，從時間軸來看，本書應該先討論耶穌．基督，再談論普羅提諾；不過，由於新柏拉圖主義對哲學有其特殊意義（可作為柏拉圖、亞里斯多德的希臘哲學與基督教思想間的黏合劑），先理解普羅提諾，將有助於釐清後續的內容。

普羅提諾的思想雖以柏拉圖的理念論為出發點，但猶如「新柏拉圖主義」的字面意義，他所詮釋的思想與柏拉圖原有的主張相距甚遠。因此，接下來請將「柏拉圖」與「新柏拉圖主義」視為兩個截然不同的概念。若將兩者混為一談，將會與後續的內容出現牴觸，不易理解。

■ 從二元論轉化成一元論

如前文所述，柏拉圖的核心思想是「二元論」，在他的觀念裡，理念界與現實世界是兩個全然不同的世界，彼此之間毫無交集。**普羅提諾將這種二元論轉化成一元論**。

在柏拉圖闡述的理念中，「善的理念」是至高的存在；換到普羅提諾的概念裡，就成了「太一」。他認為**世界上的一切都從「太一」當中「流溢出來」**。若把理念

我已經體驗超然四次了喔！

界比喻為水瓶，其中的水會流向現實世界，世間萬物始而存在。

接著，普羅提諾以「太一」為基準點，發展以下理論：越接近它的是「善」，越遙遠的是「惡」。身體接收到太陽的光照會溫暖起來，缺乏光照則會變冷。「暖」與「冷」不是個別的狀態，差別在於是否接受足夠的熱量。因此，所謂的「冷」只是「欠缺熱」的意思。

同理，普羅提諾的觀點是，**「善」沐浴在「太一」的光照下，照不到光的地方就產生了「惡」**。「善」與「惡」並非各成一派的概念，「惡」只是「欠缺善」的表現。

最後，人類能與「太一」融為一體，體驗到超然忘我的境界。這是普羅提諾的主張，他還聲稱自己「已有過四次超然的經驗」。

說到這種經驗，人類與「太一」合而為一，會陷入「超然恍惚」（希臘語：ekstasis）的狀態，也是現代英文 ecstasy（狂喜）的語源。讀到這邊，大家可能會疑惑：「這聽起來很像某種可疑的宗教欸……」不過，當時恰巧興起一股親身體驗神蹟的「神祕主義」（Mysticism）熱潮，普羅提諾在闡述自己的思想時，或許就是借用這股風潮的力量了吧。

■ 神祕主義與理念論

神祕主義起源於「如果某事物存在，理應能親自體驗」的概念。反過來說，「若是無法體驗，說明它不存在。」因此，無論是神也好，思想也罷，他們相當重視「體驗的可能性」。而這類「眼不見事物」的體驗，往往帶有「神祕」的性質，才被稱為「神祕主義」。

以現代的感覺學習普羅尼諾的思想，可能會覺得他像是一位「喜歡超自然現象的人」。由於當時重視親身經歷的風潮，使普羅提諾不得不去強調「這是可被體驗的」。

更深入剖析的話，**普羅提諾的功績之一，便是將柏拉圖的理念論轉化為「可體會之物」**。

如前文述及，柏拉圖認為「精神為善，肉體為惡」，即「眼不見之物為善，雙眼可及之物為惡」的意思。不過，普羅提諾的觀點是「看得見的事物裡也有美麗的存在；看不見的事物中也有醜陋的存在。」所以，他認為無關乎精神與肉體，強烈受「太一」影響的是「善」，較少受影響的是「惡」。依據該道理，普羅提諾脫離了肉體為惡的二元論思潮。其實，這也是「理所當然」的變革之一。

據說，世界上最古老的宗教是西元前一〇〇〇年發跡的祆教（Zoroastrianism），此一說法依「宗教」的定義而論，且這早於「第一位哲學家」泰利斯生活的時代。祆教是主張「善惡二元論」的宗教，其理念為：神有善神與惡神之分，善良的神創造了所有與善相關的事物，邪惡的神塑造了關於惡的一切。

如同好萊塢電影或特攝英雄故事中的「善 v.s. 惡」情節，他們透過這種方式解釋世界，且在當時被認為是「理所當然」的事情。柏拉圖可能也有意識或無意識地受到善惡二元論的啟發。

無論如何，二元論在西元前的世界是「理所當然」的信念，但普羅提諾卻推翻了這個觀點。

■ 新柏拉圖主義與基督教

之後，奧古斯丁汲取普羅提諾的觀點，並將之套用在基督教的思想上。這下子，世界上最為宏大的「理所當然」登場了。

通常課本裡不會耗費太多篇幅細述新柏拉圖主義，其原因有幾種可能：人們輕忽了普羅提諾的作用，沒意識到它是希臘哲學與基督教之間的強力黏著劑；對基督教一知半解，未能察覺其重要性；或單純對基督教興趣缺缺，因此對新柏拉圖主義提不起興趣。

關於「二元論還是一元論」的問題，經常流於「祆教還是基督教」或「多神教還是一神教」的宗教辯論，然而時至今日，這個問題仍深深地影響著全世界。

所有涉及「分裂」的社會爭議，其核心皆可回溯至二元論與一元論的論辯。因為它牽涉到「惡」是否存在的問題。以普羅提諾的觀點來說，「惡」並不存在。「惡」只是「缺乏善」的表現，因此「惡」不應該成為被攻擊的對象。然而，根據二元論，「惡」確實存在，所以它是應該被攻擊的對象。雙方的論點由此「分裂」。

理解新柏拉圖主義，就能讀懂基督教；反之，知曉基督教，就能領略新柏拉圖主義。向前回推的話，柏拉圖也好懂了，也能讀通蘇格拉底。洞悉這些人物與思想，也能理解亞里斯多德的學說了。

寫到此處，我大致著墨於「基督教之前」的思想。為了更好地理解「基督教之前」，接下來對基督教的探討將成為一個重要的助力。

第3章

基督教與哲學的交會點

3-1

誕生於猶太教的基督教

■猶太教的「理所當然」

開始談論基督教的話題之前，我想先稍微聊聊基督教的「前身」——猶太教。耶穌基督並非在轉瞬間憑空創造出基督教來，而是以猶太教為基礎，建立了基督教。

上述的意思是，最初**世界存在一個名為猶太教的「理所當然」，而後基督教創立了，一個全新的**「理所當然」順勢誕生，不僅影響了猶太教，也為既存的「理所當然」帶來巨大的變革。

關於猶太教的起源眾說紛紜，其中最具說服力的說法是，猶太教創立於西元前一三〇〇年左右。這比我前一章提及的祆教還要古老，不過據說實際上得等到西元前五九七年～五三八年的巴比倫之囚（Babylonian captivity）時期，猶太教才擁有其作為宗教的歸屬感及屬性。而猶太教的正典《舊約聖經》，則普遍認為完成於西元前五〇〇年（此處亦有多種說法）。

談到《舊約聖經》，通常是抱持基督教立場的人才會稱其為「舊約聖經」，因為基督教同時存在著《新約聖經》；但對於將《舊約聖經》視為唯一正典的猶太教而言，單純的「聖經」才是他們慣用的稱呼。不過本書為求方便，會以《舊約聖經》稱之。

《舊約聖經》的核心內容為「歷史」與「法律」。它詳載了神開天闢地、創造萬物的以色列民族「歷史」，以及在這段歷史當中，由神賜予人類應遵守的「規則（律法）」。其中最簡單扼要的規範，就是神透過摩西，頒布給人的《十誡》。

這些規則是「神下詔的命令」，《舊約聖經》以許多實際案例證明，遵守規則的人會受到神的眷顧，違抗規則的人會遭受詛咒。因此，在猶太教的世界裡，遵守律法是極其重要的精神。此外，以色列人基於《十誡》與聖經中記載的各式律法，衍生出許多細緻的「規範」，並生活於這些規則當中。

這裡有兩個相當重要的「理所當然」。首先是**「遵守規範的人會受眷顧，違逆規定的人將遭詛咒」**，另一個則是**「這些規則由以色列人制定」**。

至少在猶太教當中，《舊約聖經》記載的歷史是「以色列民族的歷史」，律法是「以色列人民應遵從的法律」。換句話說，《舊約聖經》在當時是為以色列民族寫的書，對其他民族而言則是一堆「與我們無關」的內容。

■「民族之神」與一神教

前述的內容不僅限於猶太教，從當時其他宗教的角度來看也是「理所當然」的事。每個民族都有自己獨有的宗教，各民族都認為「他們有他們的神，我們有我們的信仰」。這就是當時存在於宗教之中的「理所當然」——即多神信仰。

這種現象也反應在《舊約聖經》提及的故事裡。例如，以色列民族在戰爭中取得勝利，戰敗的民族領導者則向以色列的神屈膝下跪，讚嘆著：「你們的神真是偉大！」或者挑起決鬥，以判斷「誰信奉的神是真正的神」。**在當下的時空，神的存在被視為理所當然，因此真正的爭論點不在「神是否存在」，而是「哪位神更強大」以及「應該信仰誰」的問題。**

上述背景建立了猶太教的特色，他們篤信「我們的神是唯一真神，不存在其他的神」。這就是一神教的觀念，並從中衍生出「偶像崇拜」的概念。

猶太教認為，那些為「神」而建、雕刻相當細緻精美的雕像，說到底只是物體，並非真正的神。相同地，崇拜真神以外的「神」毫無意義，因為根本不存在其他的神，僅僅只是崇拜「物體」罷了。

猶太教在此帶來了一個全新的「理所當然」。「世界上存在著許多神」在當時是相當普遍的「理所當然」，甚至不僅止於當時，即便到了現代，除猶太教、基督教與伊斯蘭教以外，仍有許多宗教崇奉多神信仰。像日本神話和希臘神話皆以眾神為主角。

倘若不存在其他神靈，只有一位真神，那麼其他民族自然會將《舊約聖經》的神，視為自己的信仰。這樣說的話，《舊約聖經》的神便成為「全世界的共同信仰」。

然而，猶太教卻覺得「以色列民族是受到神愛護與眷顧的唯一民族，因此唯一的真神是只屬於我們的神。」此一觀念與當時「宗教屬於各民族」的「理所當然」相當契合。

總結來說，當時的宗教範疇有兩個「理所當然」，其一是多神教，第二是民族宗教。猶太教雖打破了多神教的「理所當然」，卻沒有跳脫出民族宗教的框架。

■ 曾為猶太教徒的耶穌

此時，耶穌基督現身了。如《新約聖經》開篇的祖譜所記載，耶穌是《舊約聖經》中被視為「民族之祖」的亞伯拉罕（Abraham）與大衛的後裔，是名副其實的以色列民族，同時也是猶太教徒。

然而，耶穌推翻了當時猶太教的「理所當然」。他說：「神不僅是屬於以色列民族的神，亦是拯救所有民族的神；神所賜予的律法，並不是以色列民族的所有物，而是所有人共同擁有的律法。所以，即便不是以色列民族，只要遵守神的規範，任何人都能得救。」

這番話不僅在猶太教內部掀起波濤，**也毀壞了當時幾乎所有宗教皆認同的「宗教屬於個別民族」此一「理所當然」**。

人們之所以接受了耶穌的想法，大抵是受到前文提及的希臘化時代的思想薰陶。亞歷山大發動遠征、擴大領土，「國家」的概念被擴展至「世界國家」，人們逐漸意識到：「我不是單一國家的某位成員，更是世界的一份子。」

此時，人們內心慢慢醞釀出對「世界宗教」的渴求，而不再只是安於「民族宗教」的庇佑。雖然亞歷山大的影響力漸趨式微，變成羅馬帝國稱霸全世界，但這份思想渴望仍舊存在。

與此同時，羅馬帝國主宰世界，羅馬的神卻只賜予羅馬民族祝福，對於被他們征服的其他民族，非但得不到祝福，絕望感更油然而生。

在這樣的絕望之中，耶穌寬慰世人：「事實不是這樣的。神是唯一的，也是萬眾之神，所有人都能得到祂的祝福。」這番話更容易聽進人們的心坎裡去。

■羅馬帝國與猶太教徒對耶穌的指控

然而，從羅馬帝國統治者的立場出發，這可不是什麼有趣的事。奔走沙場間，艱辛地打贏戰爭，他們滿心認為：「唯獨我們才有資格獲得祝福！」此時突然有人告知：「不對喔，神也會眷顧戰敗的人，況且你們哪天也會滅亡呀。」任誰聽了這番話，心裡都不是滋味。

身為統治者，只要重挫被統治者的自尊可便於掌控，自然不希望有人說出任何足以讓被統治者重新燃起希望的話語。

此外，猶太教對耶穌的話也抱有微詞：「為了獲得拯救，我們幾百年都熬過來了，篳路藍縷的結果居然是與其他民族享有同等的祝福，實在不可理喻。根本是在褻瀆我們的神啊！」

在這樣的情況下，羅馬帝國與猶太教雙方統治者的利害關係一致，雙雙控訴耶穌是罪人，最終耶穌被判處十字架刑；不僅如此，之後，耶穌的門徒也一而再、再而三地遭受羅馬帝國的迫害。

3-2

耶穌基督塑造的新「理所當然」

■ 弱者有福了

前文曾提到，耶穌革新了當時宗教與國家的「理所當然」，與此同時，耶穌也推翻了個人層面的「理所當然」。

首先，最為人熟知的部分，是被稱為「登山寶訓」的一連串訊息，該經文收錄於《馬太福音》的第五章，其主旨是：「弱者有福了。」在此之前，「強者才能幸福」是社會「理所當然」觀念。話雖如此，現代社會亦承襲了該「理所當然」，成了普遍的共識。

確實，蘇格拉底曾經否定普羅達哥拉斯提出的「勝辯者才是正義」的主張。然而即使如此，以羅馬為首的希臘語文化圈中，仍延續著下面傳統思維：「智慧與強健的體魄是美，美即是善；所以，智慧與強健的體魄都是善。」

聰明的人、強壯的人、美麗的人與富有的人，往往認為「這些都是神祝福我的證據，因此我是對的」，並引以為傲；愚笨的人、軟弱的人、貧窮的人、醜陋的人卻因這些特質，被視為「遭神拋棄的證據」而受到蔑視。

耶穌卻反其道而行，說道：「正因為是弱者，才得以擁有幸福喔！」

■不存在因果報應

在某個地方，有一位雙目全盲的人。門徒詢問耶穌：「他是因為做了壞事導致眼睛失明，還是因他的雙親或祖先作奸犯科，害他失去視力？」

耶穌回答說：「並非誰為非作歹讓他失明，而是為了讓他得到神的恩典喔。」

接著，他醫好了盲人的眼睛。

透過這個故事，不僅能理解「弱者有福」的真正意義，同時也知曉了耶穌打破了另一個「理所當然」的觀念。

那就是「因果報應」。即便到了現代，**「種好的因，必得善果；種壞的因，必得果」**是人們視為「理所當然」的概念；然而耶穌卻否定了這個道理，他認為「惡果不見得來自壞事」。

不僅是耶穌，西元十八世紀哲學家大衛．休謨（David Hume），也從經驗主義（Empiricism）的立場否定了因果報應理論，這點後續會再進一步詳述。在人類的普遍認知中，「似乎存在著因果關係的事物」，是否確實相互關聯，仍是今日哲學與科學界反覆討論的問題。

回到原本的話題，耶穌恢復了盲人的立場。在那之前，社會充斥著以下思維：「天生擁有缺陷，是因為這個人或他的家族做了壞事，自作自受的報應，當然只配擁有較低的身分、地位與名譽。」這種「個人責任論」是極其不合理的「理所當然」。

對此，耶穌說道：「這是錯的。」並恢復了他的名譽。在當下的時空，**不限於**

身體上的障礙，貧窮、困苦、醜陋等都是「自己的錯」或「被神明拋棄的結果」，耶穌卻說：「不是這樣的，這些人與眾人同樣值得被神所愛。」

■為什麼要遵守「規則」？

猶太教中，有一套極為繁瑣的「規則」，內容宣揚著：「僅有恪守規定，才能獲得拯救。」這些「規則」原本制定得合情合理，然而，隨著時間的推移，逐漸流於形式化，失去原本的內涵。

更糟的是，有能力遵守這些「規則」的人，會驕傲地自誇：「我是個安分守己的人喔！很偉大吧！」那些無法實踐規範的人則會陷入自我懷疑：「沒辦法遵守規定的我是個失敗者……我沒有能力遵守規則，所以無法得救……。」

當時，有許多「規則」僅具備相應身分地位的人才有能力遵守，比如「安息日當天不可工作」，以今天的話語來說，即是：「星期天放假！」然而，實際上當天

能否放假取決於人們的職業性質。若將「能放假」視為高尚，「無法放假」視為卑賤，無疑是一種職業歧視。換成疫情期間日本的情境，就像在說：「沒辦法遠端工作的人得不到祝福！」

對於這些已經流於形式，甚至被用來隨意判斷個人價值的「規則」，耶穌如是說：「最重要的兩件事情是：**愛上帝，且愛你的鄰居。只要做到這兩點，任何人都能得救。**」這無疑是一場重大的「理所當然」變革。

在耶穌的詮釋下，原本僅有部分信徒可以遵從的「規則」，瞬間轉變為屬於眾生且所有人皆可遵守的「規矩」。

此處的「所有人」之概念正是希臘化時代誕生的世界主義。當時的人們逐漸意識到：「世界比想像中遼闊，擁有不同生活方式與價值觀的人也遠比我們想像的多。為了讓所有人共享幸福，必須有一套共通的標準。」而耶穌，就是為這樣的時代提供了必要的準則。

■ 得救的人是「你」

「所有人」指的也就是「你」。在那之前的宗教，特別是猶太教，將「民族得救」視為最重要的民族課題。組成民族的必要條件是血統，所以「家族」成了不可或缺的元素，進一步來說，只有「民族」或「家族」才能獲得救贖。

對此，耶穌卻說：**「既不是民族亦非家族，能獲救的人是『你』。」**耶穌的門徒中，曾有人對於是否成為耶穌的門徒猶豫不決，原因是「家裡有年邁的長輩」。聞言，耶穌回應那人：「是否成為門徒與家人無關，端看你的意願。」日本人可能會誤解成：「直接忽略家人意見，實在很過分……」其實不然，耶穌的訊息裡蘊含著「你最重要」的意思。

希臘化時代以後，「世界國家」的概念使人們容易失去「歸屬於某個群體」的身分認同感，對他們而言，「無論你屬於哪裡，都是被愛的存在」。這樣的訊息超乎現代日本人能想像的撼動人心。**拯救「所有人」等同於拯救每一個單獨的「個體」。**

該思想與後來的齊克果或尼采等存在主義的思考邏輯不謀而合。他們認為：「哲學家總是誇誇其談，左一句『為了國家』、右一句『為人類進步』，但這與『我』毫無關係。即便用『國家』或『人類』這類主詞談論大道理，『我』卻一點也沒變。」

他們的觀點乍看之下顯得很以自我為中心，但試著換個說法，看待事情的角度也會隨之改變：「每個人都有屬於自己的『我』，因此應該多聚焦在『我』身上。」

就這樣，耶穌基督成了那位翻轉眾多「理所當然」的人。**世界史上恐怕沒有任何一個人能像他一樣，打破如此多「理所當然」，並建構出全新的「理所當然」了吧。**正如同凡走過必留下痕跡，耶穌走過必破壞「理所當然」。

耶穌將人們自強弱、貧富、從屬等對立關係中解放出來。像這種無關乎強弱、

貧富與從屬關係、人人皆平等的「基本人權」，在現代的日本是相當「理所當然」的現象，但追本溯源會發現，一切都是耶穌起的頭。

本書第一章曾提到，哲學是研究「理所當然」的學問，從這個意義上來說，**耶穌基督是史上最強的「哲學家」；他的生涯也是哲學史上最重要的事件**。若想讀懂哲學，首要之務就是理解耶穌的全部。

如同方才舉例的存在主義，耶穌之後的哲學家所建構的「理所當然」，幾乎都是耶穌曾經提過的內容，或僅是反對耶穌的觀點而已。

3-3

十字架與復活
——哲學史上最重要的「理所當然」誕生

■ 耶穌復活了！

……討論到目前為止，耶穌基督也不過是一位「哲學家」罷了。毫無疑問地，他是一位極其偉大且卓越的哲學家。然而，在這之上，他是神；至少在基督教的世界裡，他確實是神。

為什麼蘇格拉底不是神，耶穌基督卻是呢？這也是學習哲學史至關重要的焦點。此處蘊藏著一把鑰匙，能夠開啟一個無比巨大的「理所當然」世界，且該「理所當然」延續至今日；同時也是一把使人更容易讀通近世至現代哲學的關鍵鑰匙。

在此有個前提，當時的人們視兩件事為「理所當然」，第一，死者不會復生；

第二，死亡等同失敗。

起初，許多人對耶穌寄予厚望，滿心以為：「救世主降臨了！」結果，耶穌的結局卻是被釘在十字架上直至休克死亡，令所有人大失所望。對那時的人們來說，死亡象徵著失敗，是希望的告終，一旦死亡，一切都結束了。在這一刻，人們只能遺憾：「很可惜，耶穌並不是救世主。」

沒想到，耶穌竟在第三天復活了。這不僅意味著「太好了，他能活過來繼續之前的行動」，甚至**代表他克服了死亡這個絕對的失敗、徹底的敗北以及全然的黑暗。**這件事足以讓人們確信：「耶穌確實是位偉大至極的救世主！」

■「永遠」能在此生實現！

耶穌復活之前，人們認知中的「理所當然」是——人類絕對無法超越死亡。死亡代表「一切的終結」、「存在的終焉」，因此當時對於「死後世界」的概念，甚至比現代來得薄弱許多。伊比鳩魯是如此看待死亡：「毋須恐懼死亡，當我們活在世上，死亡不會到來；死亡降臨的瞬間，我們早已不存在。」此一觀點也成為了當時的「理所當然」。

在現代，宗教往往給人「為死後而存在」的印象，不過，對當時的民眾來說，宗教是為了「還在此世間活著」的產物，也就是追求現世利益（過去宗教、哲學與科學間的界線模糊不清，直到文藝復興以後，宗教與學問才有明確的分別）。

正因如此，智慧、強健的體魄與財富被解釋為「神的祝福」。人們認為：「如果無法在此世間獲得祝福，那要在何時、何地才能接受神的祝願？」崇奉猶太教的以色列人引領企盼「救世主」，也是「世界上最強而有力的領導者」出現，他們始終希望能在現世過上豐衣足食的生活。

然而，**耶穌死而復生的事蹟，摧毀了「受祝福的場域僅限於現世」的「理所當然」**，推翻了「死亡是萬物終點」的「理所當然」；再者，「死亡等同失敗」的「理所當然」也就此告終。

此外，耶穌還提出了**「永恆生命」**的概念。在永生的觀念出現之前，人們認知的時間總長等於「從出生到死亡」。絕大多數人的壓根未想過超脫生與死之外的時間觀。當然，也有人像柏拉圖一樣，認為「人在誕生前存在於理念界」，但也僅是少數派的想法罷了。

「永生」一詞源自聖經的概念。《舊約聖經》如此記載：

「神將永生安置在世人心裡。」（《傳道書》3:11）

——讓「永生」實現於現世的人，正是耶穌。

■ 耶穌是神，還是哲學家？

要將耶穌視為神還是哲學家，兩者的分界線為「十字架與復活」。聖經記載了耶穌被處十字架刑，並於死後第三天復活的事蹟。一言以蔽之，若你相信這點，耶穌便是神，反之就是哲學家。再者，篤信「十字架與復活」的人是基督教徒，對此存疑的人則不是基督教徒。

從現代的觀點來看，應該有不少人會質疑：「死去的人怎麼可能會復活呢？太不科學了。耶穌只是個哲學家而已。」當時也有許多人們抱持著類似的觀點。但是，從基督教的概念出發，人無法憑靠自己的力量見證「十字架與復活」的事蹟，從而相信神，唯有依靠神的幫助（聖靈）才得以信服。這就是「信仰」之所在。

「十字架與復活」之前，人類能重現、體驗與理解自己在世間遭遇的一切。然而，**耶穌的事蹟卻造出一個全新的「理所當然」，那就是世界上存在著人們無法重現、體驗與理解的事情，甚至是人類本身缺乏接受這個事實的能力，勢必得借助神的力量，始能理解這些超脫人類認知的事情。**

站在現代的觀點，這或許是一個令人難以置信，甚至是不願意接受的「理所當然」。也正因如此，大多學習哲學的人會「選擇性略過」這個部分。然而，這也是哲學難以融會貫通的陷阱。

無論現代人有多難認同當時的「理所當然」，但中世紀的人民確實生活在那樣的氛圍之中；文藝復興以後的哲學家們，也以此為起點發展出各自的學說。倘若忽略了這個起點，自然無法理解哲學家們的思想。

■ 萬國之民都成為我的門徒吧！

接著，耶穌復活，在門徒面前被高舉升天，他在升天前吩咐自己的門徒：

「所以你們要去，使萬民作我的門徒。」（《馬太福音》28:19）

使萬民成為門徒的指示被稱為「大使命」，是基督教的一大特色，與此同時，又一個嶄新的「理所當然」誕生了，

耶穌的指示不單是「去增加我的門徒」這麼簡單，而是言道：「使諸國臣民都成為我的門徒。」現代人提及宗教，多半會抱持著「試圖宣揚教義」的印象；實際上，多數宗教的確為佈道傾盡全力。然而，在耶穌出現之前卻不是這麼回事。

前文曾提及，迄今為止的宗教以民族為單位，因此沒有傳播到其他民族的必要。宗教的擴展往往是因戰爭得勝或民族繁榮自然而然發生的結果，單純散布「教義」的行為並沒有意義。

不過，耶穌並非如此。他說要傳播「福音」，也就是宣傳「好消息」。而且，他吩咐門徒們「去」傳遞福音。因此，以彼得、保羅等人為首的耶穌門徒踏上旅程，走向世界各地廣布福音。

這與希臘化時代世界主義的需求不謀而合。此一時期，世界渴求著一個共同的「理所當然」，耶穌跳出來說：「This is it!! 這就是世界想要的答案，去傳播它吧！」至此，「世界宗教」的概念誕生了。

希臘化時代以前，人們認知裡的「世界」，指「自己的行動範圍」。而後，隨著希臘化時代到來，亞歷山大城的圖書館成為學問的中心，學術漸趨發達，自從埃拉托斯特尼（Eratosthénēs）計算出地球的實際大小，人們的思維中出現了「地球」與「世界」的概念。

在這樣的時代背景裡，「將福音傳遍世界」的命令所帶來的衝擊，遠遠超乎現代人的想像。

無論如何，透過「十字架與復活」的事蹟及「向世界傳教」的使命，基督教成為哲學史上最大的「理所當然」。

專欄 突破「矛盾」的阻礙

基督教的概念裡，耶穌基督既是百分之百的人類，也是百分之百的神。他不是百分五十人類加上百分五十神的存在，更不是從百分之百的人類轉變成百分之百的神。

雖然人神特質兼具的觀點教人難以接受，但若以現代科學為例，光同時具有波動性質與粒子性質，因此光是百分之百的波動，也是百分之百的粒子。

像這樣，無論是哲學的世界，還是科學的領域，皆已逐步證明了在過去看起來似乎互相「矛盾」的兩種狀態亦能共存。

受限於「矛盾不應存在」的觀念，有時反而會妨礙我們理解這個世界。

3-4

保羅——別對「懦弱」的自己感到絕望

■從迫害者掃羅變成傳教士保羅

奉耶穌之命前往世界各地傳播福音的門徒，最大的阻礙就是來自羅馬帝國的異端追捕者。若不幸被逮捕不僅得受牢獄之災，甚至可能斷送生命，因此門徒們都相當懼怕追捕者。

當中，最令門徒聞風喪膽的人物即是掃羅。掃羅四處抓捕門徒，冷酷無情地將他們一個又一個抓進監牢。卻在某個瞬間，掃羅忽然聽見神的聲音：「為什麼要迫害我呢？」自那天以來，掃羅收起暴戾之氣，成為最積極佈道的傳教士，這一刻他不再是迫害者掃羅，而是傳教士保羅。

保羅自問：「迫害神更甚於任何人的自己，有什麼資格得救呢？」他反思起自己的所作所為，當中並沒有任何行動值得被神救贖，最後，他整理出一個結論：**「人之所以獲救，不在自己的行為，而是神單方面賜予的恩惠。」**

該結論徹底翻轉了人們慣以為常的認知，當時人們認為「人類透過自己的努力與行動才能得救」是「理所當然」的事。此外，保羅還有另一層看法：

「獲得拯救需付出什麼代價呢？我什麼也給不了。啊，原來，是耶穌奉獻出自己的生命，作為我獲救的代價。我從未做過任何有益耶穌的事情，反而還迫害他的門徒……這不叫恩惠，什麼才叫恩惠呢？這是真正的愛啊！」

保羅以此作結：「我是徹頭徹尾的罪人。並非我締造了任何豐功偉業獲致神的救贖，正因為我一無所成，才得到神的拯救。」我們能從他的思維理解到：**「生而為人，不免犯下罪過；正因人皆有罪，才需要神的福音。」**

這與強調「靠自己的力量正直生活，為他人樹立榜樣」的斯多葛學派思維截然不同，保羅的想法在當時可謂前所未聞的新「理所當然」，即便到了現代，仍是充滿新穎性的觀念。因為，和當時相比，現代的思想潮流更著重於「以個人力量成就美好的自己」。

■ 知之非艱，行之惟艱

即便人們想遠離罪惡，卻怎麼樣也無法憑藉一己之力擺脫罪孽。因此，人們只能求助於神。而神的救贖並非依靠個人的力量或努力就能得到，僅完全仰賴神單方面的恩典。

……這種的說法似乎有些難懂，讓人覺得神的恩典與自己有著遙遠的距離且又是抽象的話題。好比有些事情眾所皆知卻難以實踐，像「維持規律的生活」、「不再抽菸」、「絕不對人口出惡言」。現代人想必心有戚戚焉吧，如同那句耳熟能詳的成語——知易行難。

然而，**千萬別對「無法達成目標而軟弱的自己」感到絕望，我們應該要秉持「神會助我實現」的信念，而懷抱著希望。因為，我的救贖完全由神來完成。**這就是保羅的想法。

「如今常存的有信、有望、有愛、這三樣、其中最大的是愛。」

（《哥林多前書》13:13）

這是保羅於信紙上寫下的一段話。在此之前的世界觀裡，「智慧」與「力量」是人生中最重要的價值。然而，保羅卻說：「重要的不是它們。」

「愛」、「希望」、「相信」——這三個詞彙常見於日本流行音樂歌詞、漫畫或戲劇主角的台詞中，是現代人視為「理所當然」的普世價值，且是能與許多人產生共鳴的詞彙。而最早強調信、望、愛的人，就是保羅。

說個題外話，「愛」在日文當中，到明治時代之後，作為「Love」的翻譯，才有了我們普遍認知上的「愛」；在那之前，「愛」多半被用於代表「愛欲」的負面意義。

若不了解耶穌所展示、保羅所梳理的「理所當然」的轉變，就無法讀懂文藝復興以後的近世哲學。因為，**文藝復興是一場復甦運動，他們想找回「耶穌以前的『理所當然』」**。若未能理解耶穌與保羅顛覆了什麼，就無法將思想回溯到過去。

3-5

奧古斯丁——古代最後一位哲學家

■ 基督教與希臘哲學的融合

進入第三章以後，我們稍微聊了與基督教相關的話題，想必有些讀者會困惑：「這章的內容跟前文談及的哲學毫無瓜葛，簡直是另外一回事！說了一大堆，結果橫豎還是脫離不了宗教。那之前討論的哲學又算什麼？」

讓各位久等了！喜歡哲學的讀者看過來，基督教有趣的地方才正要開始。**耶穌的事蹟傳開後，有些人試圖利用希臘哲學的知識來剖析發生在耶穌身上的各種奇蹟，如「十字架與復活」，以及罪惡的概念，甚至進一步討論耶穌本身的存在。**

此處有一些非比尋常的問題：「為什麼世間有惡？惡是神創造出來的嗎？」

首先，有一派學者試著用柏拉圖的二元論來解釋這些謎題。他們被稱為「諾斯底主義」（Gnosticism，「諾斯底」意即「知識」）。

他們的思考邏輯是這樣：「肉體是惡，精神為善。因此，代表善的神並未創造肉體等物質。神僅創造出精神，物質則是由另一位邪惡的神所創造。」這下子，神突然變成兩位了。

諾斯底主義還主張：「《舊約聖經》的神是邪惡的神，《新約聖經》的神是善良的神。」不過，這與「唯一神」的基督教基本教義相悖，因此他們遭受否定：「你們不是基督教徒（是異端）！」雖然如此，諾斯底主義仍不斷演變成各種形式，多次影響基督教後續的發展。

例如，他們其中一派認為：「倘若耶穌是神，那麼他不可能擁有代表邪惡的肉體。因此，耶穌是沒有肉身的，只是以人的模樣顯現在人們面前。」接著還說：「耶穌的教義才是重點，他本身的存在並不重要。」甚至進一步否認了「十字架與復活」的事蹟。

此一主張當然被視為當時的「異端」，然而即便到了現代，仍有人與他們站在同一陣線，覺得「與其糾結『十字架與復活』的真實性，將耶穌的話語發揚光大才更有建設性」。以現代的觀點來說，這種說法或許更能折服人心，卻是一個早在一千五百多年前就被否定的觀念。

為什麼呢？若從上述思考邏輯出發，耶穌就僅僅是一位「哲學家」而已，「拯救」的意義蕩然無存。他原本是「為世間帶來救贖的人」，如果把「救贖」兩個字拿掉，問題就會變成「耶穌為何降臨」？不過，想到古人也與現代人一樣，對「十字架與復活」抱持相同的困惑，其實也挺有趣的。

即便是古人，也覺得「十字架與復活」的事蹟令人難以置信。正因如此，勢必需要借助神的幫助（聖靈），信仰才得以成立；而信仰本身也被認為是「來自神的恩賜」。

■三位一體論的成立

基督教著名的「三位一體論」，是為了避免其受到希臘神話與各種哲學的影響而逐漸形成的理論。例如，在希臘神話中，眾神會與人類結合，並生下後代，但這些孩子們不會被視為神。所以，也有人主張：耶穌雖為神的孩子，但不能稱為神。

此外，課本常提及的「亞流教派」（Arianism），則利用亞里斯多德的三段論證法來分析，他們認為：「神是完美的，所以不可能會受苦；然而耶穌曾吃過苦，因此耶穌不是神。」

還有一派人覺得，雖然耶穌同時擁有人類的性質與神的性質，但當他被釘上十字架那一刻，人的性質已然死去，耶穌本身只剩下神的性質。這是「聶斯托留教派」（Nestorianism）的觀點。以上幾種說法無疑都是奠基於二元論的概念。

然而，聖經已有明確記載，耶穌不僅在初期的篇章既已存在，且從一開始就是神。因此，亞流教派與聶斯托留教派也都被貼上了「異端！」的標籤。

西元三二五年的第一次尼西亞公會議（First Council of Nicaea）上，亞他那修（Athanasius）提出的「父神、子耶穌與聖靈，三者皆為完全的神」，被確立為基督教正統教義。

■接著，奧古斯丁登場了

這些派別爭論稱作「神學論爭」，可能有些人會覺得這不過是「宗教學者之毫無邏輯的口水戰」，然而，實際上卻是水平相當高的哲學辯論。這種透過哲學性思辨的方式，使基督教免於異端的影響，同時確立教義的過程，被稱為「教父哲學」（patristic philosophy）。要特別留意的是，「教父哲學」在日文中偶爾會被誤讀成「恐怖哲學」，但它一點也不嚇人哦。

教父哲學的代表性人物即是奧古斯丁。他於西元三五四年誕生，卒於西元四三〇年，在歷史上素有「古代最後的哲學家」及「開創中世紀的哲學家」等稱號。奧古斯丁完整且系統化地彙整了基督教教義，藉由這些教條，使中世紀成為一段相

對安穩的時代（就「理所當然」的歷史而言，可謂是相對較長且安定的時期）。

年輕時期的奧古斯丁過著恣情縱欲的生活。他將縱情的過往坦誠地記述在自己的著作《懺悔錄》（*Confessiones*）中。然而，在某個瞬間他忽然意識到：「不能再這樣下去了！」遂轉身加入了摩尼教。摩尼教是西元三世紀時，由名為摩尼的人物所創立的宗教，此雜揉了基督教、猶太教、佛教與祆教的元素，可謂是一種「混合宗教」。

摩尼教的特點是，他們強烈肯定祆教與諾斯底主義的善惡二元論，並參雜著些微詭辯的論點來寬慰人心：「惡行的責任應歸咎於惡，錯不在人。」起初，這種說法使奧古斯丁鬆了一口氣：「原來如此，無論我過去做了哪些壞事，所有責任都不在我身上，真是太好了！」然而，過一陣子他開始感到疑惑：「欸……這說法好像哪裡不對勁……」

就在這時，奧古斯丁接觸了普羅提諾的新柏拉圖主義。他以新柏拉圖主義的觀點來閱讀聖經，萌生了這樣的想法：「神並未創造出惡。神所創造的一切事物皆為良善。惡僅僅是『善的不足』。」

他進一步主張：**「人類因亞當的原罪而墮落，因此無法憑藉自身的力量，讓神稱為義。唯有依靠神的恩典才能得救。」**

不過，站在奧古斯丁對立面的柏拉糾（Pelagius）卻反駁：「人透過自己的努力獲得救贖，這是可行的，因為神以善良的本性創造了人。」

柏拉糾深受斯多葛學派的薰陶，是一位極其清廉正直的人，也因此廣受人民的尊敬。據說連奧古斯丁也大力讚賞他的高潔不阿。只是，柏拉糾的思想過於極端，甚至還說：「人類壓根兒不需要神的恩典！」果不其然被教會認定：「你也是異端！」

從現代的觀點來看，比起奧古斯丁，柏拉糾的思維或許更深得你我的心。古代人也與現代人擁有相同的心路歷程呢。

■「上帝之城」與「地上之城」

在奧古斯丁的思想裡還有「上帝之城」與「地上之城」的概念。「地上之城」是你我熟知的現實世界；**「上帝之城」則是於未來降臨、現在尚未可見的理想國度，又稱作「國之理念」**。

根據新柏拉圖主義的觀點，理念（太一）會「流向」現實世界，也就是從「上帝之城」流往「地上之城」。**奧古斯丁認為，教會正是理念流向「地上之城」的終點**。因此，教會被視為「上帝之城在地上的分部」，所以人們前往教會接受神的恩典，並在此獲得救贖。

這種「教會凌駕於國土之上」的概念，使中世紀的教會掌握極大的權力，在這個理論下，**無論多麼強盛的國家，都僅是「地上之城」的一部分而已，國家本身也需要透過教會才得以被拯救**。

此外，奧古斯丁將基督教的三美德「信、望、愛」置於希臘四樞德「智慧、勇氣、節制、正義」之上，認為基督教相較於源自希臘的各種學問具有絕對的優勢。四樞德是「凡人依靠自身努力獲得的寶物」，三美德則是「神賜予人類的恩典」。

這意味著，人應該優先重視三美德，自然會得到四樞德的結果。倏地，世界彷彿重新打造了一座嶄新的「理所當然」地基，**世界觀從「人類導向」轉換成「由神主導」**，**並誕生出一個嶄新的理所當然**；「信仰勝於努力」與「教會大於國家」的觀念，造就安定中世紀社會的「搖籃」。

3-6

托馬斯·阿奎那——希臘哲學的反向輸入

基督教成為羅馬國教

西元三一三年，羅馬帝國的君士坦丁大帝（Constantinus I）認可基督教，接著於西元三九二年，根據狄奧多西大帝（Theodosius I）發布的宗教敕令，基督教成為羅馬帝國的國教。然而據說，這個時期的基督教人口，僅占羅馬帝國的百分之十而已。絕大多數人民仍信奉其他宗教。

除此之外，狄奧多西大帝本身也不是什麼虔誠的基督教徒。那麼，他為什麼要讓基督教國教化呢？在統治這個巨大的「世界國家」，多神容易使國家走向分裂；反之，一神教擁有容易整合國家的優勢。**無論是否由托馬斯·阿奎那推動，透過這**

次的國教化，基督教正式踏上成為「世界宗教」的道路。

在這個過程中，東羅馬帝國皇帝查士丁尼一世（Justinianus I）下達了命令：「關閉所有非基督教學校！」導致西元五九二年，由柏拉圖創立並延續了九百年的「阿卡德梅亞學院」以及亞里斯多德的「呂克昂學院」被迫關閉。

此後，柏拉圖和亞里斯多德的研究在羅馬帝國境內無法繼續進行，學者們紛紛逃往薩珊王朝的波斯，也就是後來的伊斯蘭世界。在隨後的幾百年間，基督教文化圈內逐漸淡忘了柏拉圖和亞里斯多德，然而，他們的著作卻被翻譯成阿拉伯語，對伊斯蘭文化的發展起到了極大的作用。

到了西元十二世紀左右，亞里斯多德的著作及其注釋被翻譯成拉丁文，並從伊斯蘭世界「反向輸入」回基督教世界。這對基督教會內的學術團體**「經院學派」**產生了深遠影響，進而促成亞里斯多德哲學與基督教神學的融合。

「經院學派」中的「經院」（Scholastic）這一詞，正是英文「學校」（School）的語源。當時的修道院專注於逐字逐句地閱讀聖經及古典著作；然而經院學派有別於此，採用了哲學和邏輯進行學習，甚至會針對某些學說以贊成與反對的立場展開辯論。這種學習方式影響了後來黑格爾的「辯證法」。他們不僅研究聖經，還積極探討奧古斯丁、柏拉圖與亞里斯多德的著作。

據說，經院學派的奠基者是一〇三三年出生的安瑟莫（Anselm）。他試圖站在理性和邏輯的立場，重新驗證由奧古斯丁建構的神學理論以及對神本身的理解。由於距奧古斯丁的時代已有六百年之久，人們早已忘卻當初教義確立時的邏輯過程，教會逐漸變成一個僅僅要求信徒「服從」的存在，卻無法解釋自身的權威基礎。

對此，安瑟莫認為**「必須重新釐清教會成為至高權威的原因」**，他的著名思想「神的存在證明」也深深地影響了後世的笛卡兒與康德。至此，文藝復興的端倪悄然地浮上檯面。

■回歸希臘

經院哲學的鼎盛人物之一托馬斯．阿奎那於一二二五年出生。他將從伊斯蘭世界回流的亞里斯多德哲學融入了神學，重新建構一套學說，並撰寫了《神學大全》（*Summa Theologica*）。

起初，亞里斯多德的哲學作為批判的武器被帶入基督教的世界。而托馬斯站在教會的立場上，為了反駁亞里斯多德的觀點，深入鑽研他的理論，最終證明了「亞里斯多德的學問與基督教信仰互不衝突」。

隨著此一結論的形成，自奧古斯丁以來，以新柏拉圖主義為核心的神學逐漸轉向了亞里斯多德哲學。新柏拉圖主義是一種著重思辨的抽象哲學，而亞里斯多德哲學則偏向實證和體驗。

教會不再僅僅以無形的事物解釋神，而是開始嘗試用實證的方式來證明神的存在。

托馬斯・阿奎那在哲學史上的重大貢獻之一，是讓曾一度被禁止的柏拉圖與亞里斯多德哲學獲得重新公開研究的機會。他認為：「不要把哲學視為是神學的對立面，哲學能夠提升神學的理論，為優良的研究標的」。他的名言「哲學是神學的僕人」便闡釋了這一觀點。

這句話常用來解讀為教會全盛時期的傲慢表現，尤其是與教宗英諾森三世（Innocentius PP. III）的發言「教宗如太陽，皇帝如月亮」相互輝映。然而，實際上托馬斯・阿奎那的話語旨在向教會及世人證明哲學的實用性，目的在鼓勵哲學研究，而非否定哲學。

有了托馬斯．阿奎那的鼓勵，希臘哲學的研究復甦最終引發了「古典＝回歸希臘」的文藝復興浪潮。

■中世紀真的是「暗黑時代」嗎？

追溯中世紀的哲學發展歷程，從奧古斯丁到安瑟莫，再到托馬斯．阿奎那，很難讓人相信中世紀是所謂的「暗黑時代」。

從奧古斯丁到托馬斯．阿奎那的時代僅橫越八百年左右，然而，從古希臘的泰勒斯到普羅提諾中間相隔的年代，與前者相比，更加冗長。

因此，如果稱中世紀為「暗黑時代」，那麼古希臘也必然是「暗黑時代」。更何況，稱某個時代為「暗黑時代」，對拚盡全力、努力生活於該時空的人們來說，未免太過失禮。

事實上，中世紀可以被視為一個多元文化和多元思想逐漸醞釀成熟的時期，為文藝復興以後的爆發「積累了力量」。在基督教這個穩定的容器中，知識與智慧如同岩漿般層層堆積。

這股力量在文藝復興以後的近世時期被全面釋放出來。我們能從近世哲學中，處處窺見中世紀作為優秀「搖籃」對後世的影響，且閃耀著「中世紀光芒」的片段點綴在近世哲學裡。如果忽視這些耀眼的光輝，近世哲學將晦暗無光，甚至失去其本身的魅力。

我踢～

第4章

文藝復興後的近世哲學

4-1

黑死病——「死亡」的考究

■使歐洲人口銳減三分之一的疾病

中世紀為「基督教的時代」，近世則是「理性的時代」，連接兩者的橋梁即是文藝復興時期（Renaissance）。不過，文藝復興的發生絕非偶然，世界史課本裡提及的「教會腐敗」等因素，雖然也是引發復興的理由之一，但這背後還有影響至深的歷史背景。

那便是西元十四世紀至十七世紀肆虐整個歐洲大陸、令人聞風喪膽的傳染病——黑死病（Pest）。雖說今日也有新型冠狀病毒席捲全世界，但黑死病對當時歐洲社會造成的威脅程度，是新型冠狀病毒無可比擬的。特別是在西元一三四五年至一三五〇年的傳染病流行期間，歐洲大陸三分之一的人口都因染病而殞命，多達二十萬個村莊、城鎮成為空無一人的廢墟。根據羅馬教宗克萊孟七世（Clemens PP. VII）進行的統計，黑死病死亡人數高達四千兩百八十三萬六千四百八十六餘人。這場瘟疫將歐洲民眾逼進一個無法逃脫的死胡同，不得不直視死亡，死亡成為生活無可迴避的存在。

黑死病招致的死亡不是「獨立的個案」，它引發大規模群眾的殞落，人們根本無暇聚焦於單一個體的死亡。這是一場規模過於龐大而讓人麻木於數據的死亡浩劫，有些滅村的案例，其死亡的人數甚至因此無從計算。「死亡」完全忽視人類的意願與尊嚴，既無戰爭般的殺意與仇恨，亦不帶任何情感，以它純粹的面貌，帶走了無數的生命。

黑死病在歐洲人心裡留下一道難以抹滅的心理衝擊，成為揮之不去的創傷。此外，它也徹底摧毀了由傳統建立起的死亡觀念與相關習俗和秩序。人們不再重視「死者」或「死後的世界」，轉而思索起「死亡本身」究竟代表「什麼意義」？此一反思自然推動了哲學與倫理學的發展，更重要的是，它在人們心中泛起一道漣漪：「黑死病降臨時，神與教會究竟為我們做了什麼？答案是，什麼也沒做！」

「既然信了神，神也不會向我們伸出援手，那樣的話，我們必須仰賴自身的智慧決定事物的價值，以自己的力量活下去！！」

至此，「信教會，得心安」的「理所當然」崩壞了，越來越多人開始思考：「神是否不存在」、「假設神不存在，世界會變成怎樣？」「若捨棄聖經或教會的指引，依靠自己的頭腦從零開始思考，會得出什麼樣的結果？」……於是，有一群人回過頭審視由托馬斯·阿奎那為首的經院學派、「反向輸入」至歐洲的亞里斯多德與柏拉圖思想，並嘗試「將神從理論中剔除，重新詮釋一遍看看」，這便是所謂的「回到羅馬」，也就是「文藝復興」的概念。

■ 凝視死亡吧！

稍微聊點哲學以外的話題吧，黑死病同樣在藝術領域中留下了深遠的影響，許多藝術作品反映出人類思想轉變的軌跡，以下簡單介紹：

三名年輕人在森林裡漫步，遇到了三具醜陋的屍體。屍體向迎面而來的年輕小伙子說道：「你是從前的我，我是未來的你。」

這段故事節錄自西元十三世紀的《三名死者與三名生者》。西元十五世紀的畫家們以此為靈感，創作出許多別出心裁的作品，試圖繪製出朝自己步步逼近的「死亡」。一系列與「死亡」相關的代表作品造就出風靡一時的「死亡凝視（macabre）」畫派。

以寫實的筆觸呈現出腐爛中的屍體，強調死者的醜陋姿態，即是獨特的「死亡凝視」風潮。在這些作品中，骸骨成為「死亡」本身的象徵。

而今，利用骸骨呈現「死亡」的意境是司空見慣的手法，然而這絕非西元十四世紀之前慣用的表現方式。

日本也是等到明治時期以後，才開始受西方文化的薰陶，漸漸理解到骸骨是「死亡」的象徵。在此之前，日本大多以靈魂或幽靈的形象描繪死者，雖不能說完全沒利用骸骨呈現死亡的案例，但只能說少之又少。

話說回來，骸骨、幽靈等物都是「死者」的呈現方式，而非純粹描繪「死亡」的作品。因此，即便是現代的日本人，對於「死亡」的理解仍然相當薄弱。日本人

米凱爾・瓦格莫特《死亡之舞》（1493 年）

會將中世紀畫作中描繪的骸骨理解為「掌管死亡的存在」，然而，那並不是「掌管死亡的存在」，它本身就是「死亡」。

我想，現代日本人看待死亡的觀點或許與伊比鳩魯學派較為相近：「當我們活在世上，死亡不會到來；死亡降臨的瞬間，我們早已不存在。」

日本人往往視「死亡」為「不吉利」的話題而避之不談。但近年來日本掀起一股「臨終活動」的潮流，該活動著重於思考「當自己死後，被留在人世的人該何去何從」的層面，較少著重在「自己死後會怎樣」。這是日本的「理所當然」，當然，這與歐洲世界大不相同。至少在黑死病爆發之後，歐洲人發展出與日本人截然不同的生死觀，並以此為基礎逐步形成了他們的思想體系。

4-2

文藝復興——回歸聖經！

■「個性」的起源

本書已多次談及「文藝復興」蘊含著「復甦」與「回歸」的意義，意旨「重返希臘．羅馬時期的古典哲學」之舉措。

中世紀的基督教世界裡，人們「理所當然」的普遍信念是：「人類不應為自己的榮耀而活，而是要將榮耀歸於神。」但進入文藝復興時期後，人們反對這種見解，紛紛提出「僅有希臘．羅馬時代，才能體現人類的榮耀屬於自己」的主張，大舉「回歸希臘．羅馬時代，勢在必行！」的旗幟。

這番話如同向世人疾呼：「別再仰賴黑死病襲捲而來時，沒有任何作為的教會與上帝，我們得依靠自己的力量活下去！」

不過，「文藝復興」此一專有名詞並無確切的時期分界，通常拿來指稱西元十四世紀至十六世紀左右、由義大利為首向外傳播開來的思想或表現形式。然而，約莫西元八世紀，法蘭克王國正值查理曼大帝統治的鼎盛時期，他曾下令：「聖職人員都得研究更多古典的典籍，以增強基督教的統治！」進而引發「卡洛林文藝復興」（Renaissance carolingienne）。此外，西元十二世紀時，亞里斯多德的學說透過思想的「反向輸入」再度興起、被世人重新詮釋，這也促成「十二世紀的文藝復興」。

以上諸多面向都能證明，中世紀絕對不是所謂的「黑暗時代」。

雖然義大利自黑死病爆發以後所出現的「文藝復興浪潮」並非歷史首見，然其規模卻空前盛大，為世界帶來翻天覆地的變化。其中一個主要原因與義大利為「教會核心地區」脫不了關係。

而後，「回歸」的概念也在基督教內部蔓延開來（當然，這並未將教義導向「神不存在」的觀點），掀起一波思想浪潮，人們主張：「教會在歷史的發展下越來越有規模，也有各種制度（如贖罪券等）。因此，應該讓教會回到壯大之前的純粹模樣，門徒們可依照聖經的內容端正自己。」這正是馬丁．路德（Martin Luther）與約翰．喀爾文（John Calvin）大力提倡的「宗教改革」運動。**宗教改革雖稱作「改革」，實際上卻是「復古的運動」**。

文藝復興前，耶穌．基督話語中的「我」或「你」，在教會與國家權威的干涉下，再度轉換成具有社會階級意識的「我們」與「你們」，並成為人們認知中的「理所當然」。

也就是，當時的社會結構出現了某個階層的「我們」與另一個階級的「你們」。在這種背景下，文藝復興與宗教改革可以說是：奪回主詞「我」與「你」的運動。因此，**有些人會將文藝復興稱為「個人的探**索」。

此時，以李奧納多．達文西（Leonardo da Vinci）與米開朗基羅（Michelangelo）為首的「全能人類」橫空出世，他們秉持的信念是：「任何人都擁有無窮無盡的非凡能力，人們活著應該要充分發揮自己的才能！我會證明這一切！」

在現代，「擁有獨特個性」基本上是一件受人頌讚的事情，至少不會遭人否定；不過這個「理所當然」的概念，實際上是文藝復興時期的產物。蘇格拉底與柏拉圖等人追求的是人類的「善與美」，而中世紀教會希望人人心中有「信仰」；文藝復興時期則推崇身而為人，要有「個性」。

■ 反抗當下的教會

另一方面，在基督教世界中，教會內部也飄來陳腐的風氣。教會把持了偌大的權力，在政治圈、學術圈等領域握有壓倒性的話語權。可惜的是，當人或組織掌握過多的權柄，通常不會有什麼好事，因為此時沒有人能夠指出他的錯誤，也缺乏真誠的批判。

逐漸地，**教會不再服事「神」與「基督」，轉而要求人們服從「教會本身」**。

這個場域從「服務神的教會」或「引領人的教會」，變成了「神職人員的教會」，甚至是可以說「為滿足教會本身而生的教會」。

人們發覺教會變質了，信奉教會的心也漸趨疏離。宗教改革時，我們常看到書中引述「教會販賣贖罪券，激怒馬丁．路德」的事例，實際上原因不只如此。

贖罪券的問世僅是教會腐敗的一小部分。**路德看見了教會迂腐不堪且流於形式的一面，進而提倡「回歸聖經」的想法。**人們需要的是發自內心的信仰，而不是特定的儀式或神職人員的權威。至此，思想的主詞再度從「我們」回歸到「我」本身。

社會階層或階級制度讓人們之間出現了「你們」與「我們」的區別，而這種分化行為往往會導致社會分裂。但是，當社會主體回歸「你」和「我」，社會便再無階層與階級之分。

路德說道：「無關乎身分地位，也不獨厚神職人員。在神面前，信奉祂的子民皆平等。」這番話與耶穌最初的教誨不謀而合。

受教會腐敗的背景驅動，路德與喀爾文等人離開了當時的教會，創立了新的教派，這便是今日「新教」（Protestant）的由來；仍留在傳統教會的一派是現今的「天主教」（Catholic），不過這並不代表天主教對教會的陳腐置之不理，而是透過「耶穌會」（Jesuit）等組織的努力，從內部革新。

■ 重返耶穌．基督

總而言之，文藝復興即是一種讓主詞「賦歸『你、我』的復古運動」，也可以稱它為「希臘．羅馬復古運動」，同時這也是「重返耶穌．基督」的運動。

倘若你錯過了「回歸耶穌．基督」的論點，要理解後世哲學便會感到有些吃力。

文藝復興時期之後，雖然眾多哲學家脫離了教會的權威桎梏，卻仍對耶穌．基督，或神抱持著敬畏三分的態度。

他們認為：「教會似乎搞錯了服事神的方式，所以我們得回到原點，重新建構服事神的方法。但在那之前，我們應該先回頭思索神是什麼樣的存在。為了理解祂，

勢必得先打磨思考的工具──理性與感官，之後便可以開始進行驗證的動作。」上述概念就是近世哲學的起點。

近世哲學時常探討諸如「何謂認知？」、「理性為何物？」的概念，加深了人們對哲學艱澀難懂的印象；但說白了，這只是檢驗「自己的思考工具是否足以了解神」的過程。

簡單來說，即是類似「烹調美味的料理之前要先打磨菜刀（工欲善其事，必先利其器）」的概念。

只要能理解這一點，近世哲學也沒想像中難懂了。

4-3

英國經驗主義——從觀察中歸納結論

■「智慧」的真諦為何？

希臘哲學始於「萬物的本原為何」的思辨；**近代哲學的起點則是「發掘知識」的探索**。亞里斯多德曾言：「哲學（Philosophy）是愛（philia）智慧（sophia）的行為。」根據這段話，我們可以從「『智慧』的真諦為何」的角度切入剖析。

西元一五六一年誕生於英國的法蘭西斯．培根，為這道問題思索出一個答案。他認為：「經驗為智慧之母。」

在培根的學說中，反覆的觀察與體驗可形塑出所謂的智慧，而經驗正是所有知識的源頭。舉例來說，「太陽自東邊升起，西邊落下」之所以是人盡皆知的常識，正是因為我們每天都在觀察太陽運行的方向。

西元一六三二年出生的約翰．洛克，將人類比喻成一張「白紙（tabula rasa）」。每個人誕生在世上時都是一張白紙，而後，將一系列人生經驗記錄在這張白紙上，最終成長為具有人類特質的個體。確實，觀察一名嬰兒的成長軌跡，就會發覺這是個合理的說法：他們在零智慧的狀態下誕生，藉由每天的經歷體驗人生，逐漸長大成人。

然而，這種觀點與當時的「理所當然」相悖。為什麼呢？因為當時的基督教秉持著一種「信念」，剛出生的嬰兒並非一張白紙，而是帶著「罪（原罪）」降臨於世。

■「歸納法」的思維

從各種觀察與實驗中蒐集數據，進而獲得規律：這是培根發想的思考法，稱為「歸納法」。例如，「紅蘋果是甜的」此一法則，是透過實際試吃大量紅蘋果後，

思考而出的結論：「每次吃的紅蘋果都很甜，因此紅蘋果是甜的。」

培根曾拿大自然作比喻，蜜蜂從大自然中採集各式各樣的材料，經過消化後，將其轉化成建造蜂巢的材料；螞蟻從自然界中搬運各種材料，但牠們僅是收集，缺乏了消化與轉化的行為；此外，蜘蛛完全不會外出採集材料，而是靠自己分泌出的蜘蛛絲編織出巢穴。

培根批評蜘蛛型的思維，認為那是「獨斷」的思考方式，同時對螞蟻型的思考邏輯給出「僅靠收集，尚有不足」的評價，並以蜜蜂為借鑑，期許自己擁有完善的思考方式。

培根認為：「**正確的智慧來自正確的經驗。**」然而，人類難免遇見錯誤的「經驗」，甚至會在相同的體驗中，產生錯誤的解釋。對此，培根將之歸咎於人類的四種「**偶像**」（**The idols**）。

第一種是人類與生而俱來的「**種族偶像**」，主要受制於人類自身的感官極限所產生的錯誤。例如視覺的錯覺、聽不到細微的聲音等。

第二種是依據個體的成長背景或環境而產生的「**洞穴偶像**」。如同俗話說：「井底之蛙，不知大海。」人們接受的教育、成長環境與當下的情境都會影響人們對事物的理解，從而出現認知偏誤。

第三種是因言語的不當使用才導致的誤解，被稱為「**市場偶像**」。例如人與人之間的往來中，因流言蜚語或以訛傳訛等不妥的語言交流出現的誤會。

第四種是妄信權威產生的「**劇場偶像**」。好比盲目地「將偉大的學者所說的話奉為圭臬」。以當時的情境來說，大抵像是「教會的教誨絕不出錯」的觀念。

培根認為，只要避開上述四種偶像，人類就能經歷真正的體驗，擁有正確理解事物的能力，最終獲得真理。

「偶像」一詞其實不是培根獨創的語彙，其概念與基督教的「偶像」（idol）毫無二致。培根本身也是一名虔誠的新教信徒，他的思想從基督教的世界出發，且沒有踏出其設限的框架。培根學說的大前提是「人類是容易犯錯的」，其概念源自基督教定義：人類生而有「罪」。

基督教的「偶像」指的是「讓人類背負罪惡的事物」。根據奧古斯丁的觀點，人類因罪而墮落，神所期望的生活方式與人類的理想人生背道而馳。

培根藉著偶像論，試圖回答「什麼是罪？」、「是什麼導致人們犯錯？」等問題，換句話說，**偶像論解釋的是基督教的「罪」的本質**。

最後，培根得到了結論：「人們必須正確地使用神賜予的五種感官與其他能力，避免遭受偶像的影響，方能真確地理解萬物。」

研究近世哲學時，時常誤解且不應該搞錯的一點，便是**即使某位哲學家與教會**

相互對立，他們也未必否定神或基督教本身。就像路德與喀爾文雖批評了天主教會，但他們並沒有否定神或基督教的核心信仰。

哲學家批判與反對的對象自始至終都是腐敗的教會，而不是神。甚至，他們秉持的態度更趨近：「我想更深入了解關於神的一切！想知道如何正確理解祂！」依此精神為基礎，去質疑教會：「你們這樣不對吧？」

■珍惜「眼所能及的世界」

時代稍微向前推進，西元一七一一年出生的大衛·休謨，將英國經驗主義的理論推向一個相當極端的位置。他認為，人類隨意在某個現象與另一現象之間設立因果關係，是導致認知偏誤的源頭。

舉例來說，人們將「觸碰火會覺得燙」的經驗與「觸碰火會燙傷」的現象連結在一起，進而得到「火很燙，會讓人受傷」的因果關係。然而，依照休謨的理論，這不過是人們的偏見。為什麼？即便案例不多，但確實存在觸碰火也不會被燒傷的情況，像是「能在火上行走的人」這種偶見的特例。

話說回來，將因果關係視為「偏見」的確是相當獨到的見解。確實，人類因這種偏見而犯錯的案例多不勝數。人們觀察到幾個重複現象，便擅自認定「兩者間具有『絕對』的因果關係」，這也是現代社會常見的通病。

透過觀察世界上的各種現象與物質，從而推導出法則與真理的「經驗主義」，與亞里斯多德的觀點頗為相似，甚至可以說，**經驗主義補充說明了亞里斯多德的學說，或者被稱作亞里斯多德的思想注解**。

比起因果關係或理念等「看不見的事物」，經驗主義更重視「眼所能及的世界」，聚焦在「實際發生的事物」。這種思維正是亞里斯多德與經驗主義之間的共通之處。

4-4

歐陸理性論——從邏輯推導出法則

■「智慧」是理性與邏輯的產物嗎？

就在培根、洛克及休謨三人以英國經驗主義（歸納法）建構學說的同時，遙望著多佛爾海峽的歐洲大陸，發展出與之相對的思想體系，便是以勒內·笛卡兒（René Descartes）為首所提倡的「歐陸理性論」（Continental Rationalism）。

相較於培根的「經驗是智慧之母」，笛卡兒則主張智慧不該受限於經驗，必須由理性與邏輯構成。從他的角度看來，所有的經驗都「值得懷疑」。

譬如說，即便你看到眼前有一塊石頭，也不能斷言這裡真的存在一顆石頭。笛卡兒覺得，石頭有可能是幻覺或海市蜃樓。你只是看見了，不意味它確實存在。

現代虛擬實境的技術蓬勃發展，但虛擬世界的體驗僅發生於大腦內部，而不能將之與現實世界的經驗相互連結。相同地，笛卡兒也認為，眼前的世界或許只是一個虛擬實境，看似真實，實際上可能不存在。

然而笛卡兒並非抱持著「凡事不可信」的態度，而是透過全盤的懷疑，最終找出無法被質疑的真理。

「這東西尚有可疑之處，不能稱為真理」、「這搞不好是場幻覺，無從稱為真理」……如此這般，他逐一排除所有可能性的思考工具，叫做「懷疑方法」

（cartesian doubt）。此處的「懷疑」，僅作為一種求知的「方法」使用。

「懷疑」是人類獨具的才能。笛卡兒甚至連神的存在也大肆質疑一番：「搞不好根本沒有神。」然而，若因此斷定「笛卡兒否定了神的存在，其學說就此與基督教脫鉤」還言之過早。因為，「懷疑」不過是種研究工具罷了。

秉持著「萬事萬物皆可懷疑」的立場時，神勢必會成為哲學家猜疑的對象之一，理由就這麼簡單。後續會再詳加介紹，但簡而言之，笛卡兒不僅沒有否認神的存在，反而試圖證明神的存在。他的觀點是：**「證明之前，必先質疑。」**

■「演繹法」的思維

終於，在懷疑這條路上，笛卡兒找到了「不可被質疑的」事物——**對萬事萬物提出疑問且不斷思考的自己，是最真切的存在**。

這即是笛卡兒的至理名言：「我思，故我在（拉丁文：Cogito, ergo sum.）。」

他甚至懷疑過自己的存在：或許自己沒有真實的肉體，一切只是自己作的一場夢或幻覺而已。然而，肉體可以質疑，但此刻今時正在猜疑自己的精神，是無庸置疑的存在。

笛卡兒從「我思，故我在」的角度出發，認為只有被邏輯推導出來的事物才是真理。

這種思維與培根的歸納法相對，稱為「演繹法」。「演繹」一詞看上去挺艱澀；簡而言之，便是與數學雷同的思考模式。數學並非實際發生的現象，而是在腦海裡運行的純粹理論體系。例如，我們能從最簡單的公式「1+1=2」推導出「2+2=4」，並以此發展出乘法、除法，甚至是微積分等複雜的運算，這一切源自於邏輯的推論。

笛卡兒藉由「懷疑方法」，找到了類似「1+1=2」般簡單的真理，進而推導出「我思，故我在」的精神，並將其視為核心的基石。

接著，他借鑒西元十一世紀教父安瑟莫的思想，嘗試「證明神的存在」。論證的過程萬分複雜，以下扼要地說明重點：

有限的自我，卻能夠思考無限的神。照理來說，有限的物品無法容納無限的事物，故人類應無法在有限的認知中思量無限的事；然而，人類確實擁有神的概念，神是無限的，這說明了神賜予了人類這種能力。也就是說，有限的自我能夠思考無限的神，這件事本身就是神的存在證明。

……讀起來有些拗口對吧。

笛卡兒恐怕是受這段經文的啟發：「神又將永生安置在世人心裡。然而神從始至終的作為，人不能參透。」（《傳道書》3:11）換句話說，「如果不是神的賜予，人類不可能擁有『無限』的概念」。因為永生或無限，是無法透過觀察或體驗而獲得的事物。

無論如何，笛卡兒眼中的神，是包含自己在內、所有存在的基礎。他的思想仍屬於基督教的範疇，且蘊含著「想更深入了解神」的意志。

■ 神即自然

而後，斯賓諾莎（Baruch Spinoza）延續了笛卡兒的理念，將理性主義的精神發揚光大；他善用演繹法思量萬事萬物，最終得出了「神即自然」的結論。

「自然就是神」，這種泛神論對日本人來說，特別容易流於「自然信仰」之類的概念。不過，斯賓諾莎所言的「自然」，指的是**「包含人類思考在內，這個世界上發生的所有現象」**。

笛卡兒將無限的「神」與有限的「世界」分開討論，而斯賓諾莎則認為兩者是同一事物。受到新柏拉圖主義與奧古斯丁的啟發，斯賓諾莎的思維從二元論走向一元論，可以說是延續了過去從柏拉圖的二元論走向新柏拉圖主義發展的脈絡。

斯賓諾莎將一切歸結於神的思考邏輯，否定神具有個性的概念，因此飽受教會的嚴厲批判。即便如此，他也沒因此與神或基督教教會勢不兩立，僅僅出於「想知曉神是什麼樣的存在」的熱情，提出一個假說，並未跳脫基督教的範疇。

真理並非「現世發生的現象」，而是存在於「眼不能及的地方」。從這點看來，歐陸理性主義繼承了柏拉圖的思想邏輯。

由二元論發展到一元論的過程也是相同道理。從某種程度上來說，近世哲學走在希臘哲學開拓出來的道路。然而，與希臘哲學相異的是，近世的哲學家們多半擁有基督教的背景。

希臘哲學與基督教哲學，如同縱線與橫線，交織出近世哲學的整體結構。因此，研究近世哲學的時候，若缺乏希臘哲學與基督教哲學的知識，便無法在腦海裡編織出一幅細緻美麗的花紋了。

■ 探索自我與神的連結

雖然理性主義的提倡者們將神或基督教視為考察的對象，但同時地，神與基督教也是他們長久以來的信仰。我想，他們或許將「具有基督教信仰的自己」與「研究基督教的自己」區分開來。再者，正因為自己是神的信徒，才會把神當成自己的觀察目標；畢竟，沒有人會將自己既不信任也不熟悉事物列為研究的對象。

當時的年代充斥著各種與神有關的研究觀點，例如「自然神論」（deism）、「泛神論」（pantheism）、「無神論」（atheism）等。無神論也是在探究神的過程中出現的產物。追根究柢，若失去基督教的溫床，無神論也不會誕生。

「我是無神論者」——若有人刻意如此主張，那他的意識中顯然有「神」的存在。一名對神興趣缺缺的人，壓根兒不會去思索神「究竟是否存在」，也不會特地聲稱「自己是無神論者」。正如人們常說：「愛的反義詞不是恨，是冷漠。」

斯賓諾莎覺得萬物由因果而生，其中並無人類的自由意志。神沒有人類的特質與個性，祂存在於萬物當中，是萬物的原則，或說是所有結果的原因。

他認為神在聖經中的人格表現，只是一種比喻的表達手法。此一觀點挑戰了基督教的根基，不過，斯賓諾莎本人並未否定基督教。

他認為：「無論基督的存在、復活是否屬實，只要敬愛聖經裡記載的基督精神，人便能得救。」這是一種形似諾斯底主義的立場，但他同時承認了基督的獨特性。在現代的觀點中，他的某些思想看似「否定基督教」或「脫離基督教」，實際上當事者並未懷抱那樣的心思。

換句話說，近世哲學的出發點是聖經，也是神學；然而，批判笛卡兒與斯賓諾莎思想的是誰呢？同樣是基督教，也就是教會。

倘若你不懂基督教，就很難去理解那些帶著基督教背景誕生，卻被基督教排斥的思想了。

4-5

康德——統整經驗主義與理性主義

■知識＝素材＋形式

儘管英國經驗論與歐陸理性論是兩種迥然不同的思想，但伊曼努爾．康德（Immanuel Kant）試圖將其統整成一個理論。他出生於西元一七二四年，在哲學的研究範疇內可說是家喻戶曉的大人物。

康德的學說艱澀至極，我會盡可能以簡單的筆調述說，但還是請讀者們做好心理準備。若你帶著七分醉意閱讀這個章節，很可能會陷入一片茫然；而我的目標是將其簡化成三分微醺的人也能讀懂的程度。

首先，康德認為單靠歸納法或演繹法無法建構起人類的知識，必須兩者兼備，

才能獲致完整的學問，可以將之簡單歸結成「**知識＝素材＋形式**」。**根據他的學說，人須以感性（歸納法）蒐集「素材」，再以悟性（演繹法）的「形式」，將獲得的素材內化成「知識」**。

接下來是康德哲學思維裡最為深奧難懂的部分。此前傳統的「理所當然」是「事物必先存在，人類始得認知」；康德卻扭轉了此一概念，且提出完全相反的主張：**「人類必先認知，事物始得存在。」**

他認為這種概念的翻轉，如同世界從支持天動說轉向地動說的過程，因此稱之為「哥白尼迴轉論（Copernican principle）」。

肯定會有讀者跳出來反對：「等一下！世界早在人類認知到它以前就已經存在了啊！」沒有錯。但康德拿人類與狗的認知世界不同為例，為自己的學說補充說明。

人類是視覺發達的動物，人們眼中的「世界」絢爛無比，狗卻無法分辨顏色，因此牠們的「世界」僅有黑白（雖然嚴格說來不完全如此。）換句話說，人類與狗憑藉各自感官蒐集到的「素材」別有殊異。此外，人類與狗的思考方式也不一樣，狗的「邏輯思考能力」較人類差，這意味著牠們處理素材的「形式」與人類有所不同。

■先驗的世界

「素材」可以透過體驗獲得，那「形式」是怎麼產生的呢？康德用相當困難的詞彙回答了這個問題——「先驗」（a priori）。「先驗」的定義是「先天所賦予、毋須證明的基礎概念」。

人類僅須知道「1＋1＝2」的公式，就能推導出「2＋2＝4」；狗卻無法如此推論。人類天生擁有在兩個事實之間加上關聯性的能力。因此**康德認為，「邏輯」是人類與生俱來的一種「形式」**。

……實在是很晦澀的概念呢。簡單來說，這就好比人出生即具備體驗一切事物的感覺器官，動腦思考也是生而為人的基礎配備。所以，**歸納（感性）與演繹（悟性），也是人們與生俱來的能力**。

「先驗」的概念本身蘊含了基督教式的思維。這個學說奠基於「神以人的模樣塑造出人，以狗的樣子創造了狗」的思想。如同《新約聖經．約翰福音》開篇所述：「太初有道，道與神同在，道就是神。」經文提及的「道」，希臘語的原意是「話語」或事物的「理性」，其發音近似「邏各斯」，也是現代英語「邏輯」的語源。

總的來說，以基督教的觀點看來，這個世界具有一個先驗的「理性」，人類也被賦予了先驗的「理性」；即世界形成之初就有其「道理」，「邏輯」亦是人類與生俱來的能力。

■從「神」向「道德法則」發展

此外，康德在倫理學的領域裡，亦發表過這番言論：「請遵循你與生俱來的先驗理念行動。」

康德稱「因為○○，所以得去做○○」的道德哲學為**「假言令式」**，而純粹的「去做○○」的道德法則，則為「**定言令式**」。假言令式是會依據情況而改變的道德法則；定言令式則不會受外在條件影響發生變化。舉例來說，「想受人喜愛，得成為一名親切的人」是假言令式；「待人要和藹可親，這件事毋須任何前提」指的就是定言令式。

回到前一段，康德的言下之意是，根據自己對道德法則的尊敬與敬畏、不受其他事物驅動的行為，才是我們應該採取的行動。聽起來是不是似曾相似？沒錯，如同基督教對神的崇敬與畏懼。**康德僅只是將「遵從神」的說法改成我們要「遵循道德法則」而已**。為什麼他要如此置換概念呢？因為他認為，道德哲學不僅適用於基督教徒，也包含信仰其他宗教的所有人類。這正是他以「先驗」的說法取代了「神所賜予」的緣由。

■ 二律背反

人們稱康德的哲學為「批判哲學」。因為康德透過批評傳統的「理所當然」，建立起自己的哲學。例如，當時人們「理所當然」地以為「理論絕不出錯」，而康德斥責這是「純粹理性批判」。**即便理論是許多正確的演繹疊加出來的產物，有時也會出錯**。這件事能用一種邏輯化的方式來證明，那便是「二律背反」（antinomy）。

康德以四個例子作為理論自相矛盾的示範，稱為「第一背反至第四背反」。

「第一背反」是邏輯證明空間與時間的有限理論，亦能說明空間與時間的無限理論，意即兩個相悖的理論又同時成立的矛盾。「第二背反」旨在探討物質的最小單位是否存在。「第三背反」闡述了因果關係。「第四背反」則探究了神是否存在的問題。

康德在二律背反的概念裡獲得結論：「你可以說神存在，也能說祂不存在。正因為這種矛盾，人類必須藉由信仰的幫助，才得以超越理論的限制。」最終，他的學說仍回歸到信仰層面。

康德的意思是：**「人類獲得了一個稱為邏輯的有用工具，然而，以邏輯作為工具，具有使用上的侷限性，我們無法用單一工具洞悉萬物。無法突破的部分是人的臨界點，臨界點之上是神的領域。」**

■ 言簡意賅地統整康德的哲學

由於康德的學說越寫越複雜，這邊將它簡化一下：

「世界上存在一個『真理』，於是人們紛紛去探尋真理。而後，透過『哥白尼迴轉論』，發現『真理』是由人類的認知構成的東西。那麼，為什麼多數的『真理』能夠被人們共享呢？因為人們都擁有『感性』與『理性』這兩種與生俱來的工具，它們由先識理念構成，擁有其侷限性。」

即便我已精簡了康德的理論，讀起來果然還是很難懂呢。不過，就算是專業的哲學家，也未必能完全通曉康德的哲學喔。

儘管康德受基督教的影響至深，卻也一步一步嘗試脫離基督教的框架。他以「先驗」的理念取代「神所賜予」的說法，將世界的主體從神轉移到人類身上，使得「人類的存在目的是為了彰顯神的榮耀」此一「理所當然」也被改寫成「人類的存在目的在於自己本身，每一種人格即是一種目的」。這樣的理念催生出一個理想社會：「目的王國」，強調互相尊重與自由。

話雖如此，也不過是將基督教的「上帝之城」換個稱呼罷了，其發想的框架仍未脫離基督教的範疇。也許這是康德的探索：「倘若撇除神，人類是否還有辦法憑藉一己之力抵達『上帝之城』？」

話說回來，康德的「先驗」理念相當富饒趣味。根據他的學說，先驗的大前提是不受其他事物影響，其中當然也包括時代與區域。照理來說，無論是現代人還是古代人，人類從先驗中得到的感性與悟性都是相同的。

現代人往往會抱持這樣的思維：「現代人與現代社會絕對優於古代人與古代社會。」然而，在先驗的概念中，人類的本質並沒有優劣之分。

「隨著時代的演進，以人類為首，萬事萬物皆在進步。」康德的時代缺乏上述思考方式，即便對現代人來說是再「理所當然」不過的觀念。不過，也正因為當下的時代缺少進步的觀點，文藝復興時期的學者才會想「回到古代」。換到現代，根本不會有人希望：「人類價值觀回溯到一千年前！」好比我們讀了日本平安時代的和歌，覺得「優雅至極」，但也不會因此萌生回到過去的想法。

「現在較過去優秀」這種「理所當然」的概念，是由我們下一章即將談論的黑格爾發想且建構的想法。

4-6

黑格爾——「與時俱進」的世界

■「棄存揚升」的真實意義

時任日本東京都知事的小池百合子，曾有一段時期頻繁使用「棄存揚升！」一詞，我們來深入剖析「棄存揚升」的實際涵義吧。

主角是黑格爾（Georg Wilhelm Friedrich Hegel），他出生於康德後約莫四十五年，是一位以康德的思想為基礎、進一步確立「德國唯心理論」（German idealism）的哲學家。

他著名的「棄存揚升理論（Aufhebung）」，簡明扼要地說，就是兩個互相對立的事情結合，從而形成一個更完善的事物。

當存在著某個**「正題」**（**these**），便會有與之相對的**「反題」**（**antithese**）；在解消兩者的矛盾同時，亦會進一步上升到更高層次的**「合題」**（**synthese**）階段；此一過程即是「棄存揚升」，這個完整的動態進程則被稱為**「黑格爾辯證法」**。

許多人常誤以為「合題」是「融合彼此意見的折衷方式」或「妥協」的表現，其實不然；若在意見相左的場面委曲求全地說：「算了，這次就棄存揚升吧！」或者在選擇明顯的妥協方案後，宣稱：「這是棄存揚升的選擇！」（小池百合子知事偏向這種情況嗎？）如果黑格爾地下有知，大概會憤怒地悲嘆：「根本曲解了我的本意!!」

康德主張：「人們應該遵從先驗的道德法則行事。」但黑格爾並不認同：「若依賴這種主觀的意識，社會將無法運行。」他指出：「康德的思想太過偏向柏拉圖，總聚焦在目不能及的道理，太不切實際了。我們需要的是更加務實、更偏向亞里斯多德式的哲學。」

因此，黑格爾認為必須依靠法律與制度，才能建立起充滿倫理道德的社會秩序。當然，法律與制度早在黑格爾時代以前就存在了，然而，世界上沒有任何法

棄～存～揚～升～

律或制度，經歷多次時代的更迭後仍始終如一。法律也好，制度也罷，會隨著時代潮流不斷演變。如果法律源自於道德，按照康德的理論，道德是先驗的、恆常不變的，那麼為何法律會改變呢？……於是黑格爾從這個疑問出發，發展出「黑格爾辯證法」的學說。

在黑格爾的理論中，人類會「一而再、再而三地棄存揚升，逐漸向理想前進！實際上，這個過程正在穩步前行。」他將這種思想歸結成：**「世界史是自由意識的進步史。」**

此外，黑格爾稱棄存揚升的原動力為「世界精神」（weltgeist）。「世界精神」

以人為媒介，在世間引發揚棄的現象，從而實現自我。為了讓「世界精神」有充分運作的空間，人類必須擁有自由。

■ 不是神，而是「世界精神」

……黑格爾的哲學實在是深奧又費解。人常道：「須有十足的天賦才能讀懂黑格爾」，甚至還出現「能讀通黑格爾的人，搞不好是一種病態」的說法，可見他的思想有多麼晦澀難懂。

然而，之所以被貼上艱澀的標籤，八成是人們忽略了黑格爾人生背景中的基督教思想。在基督教的世界裡，人類應該實現的是「神的理想」。「神的理想」當然「唯有神知曉」，人類不一定能完全掌握或理解所有的內容。不過，世界確實憑靠著神的力量，朝向理想前進，猶如人們相信：「天國已近」。

黑格爾將「神」移除，徒留「人類應該實現的理想」。即便如此，這種理想仍然是人類無法融會貫通或知之甚詳的事物，既然他將「神」從理念中移除，勢必要給予合理的解釋。艱澀難讀的「世界精神」便是為此而生的產物。上述解釋是否有稍微容易理解一些了呢？

探討歐陸理性論時我們曾稍微提過，斯賓諾莎主張「自然皆是神」這種泛神論的觀點。他認為「神不在遙不可及的天上，而是活躍於世界每一角落」。

由於斯賓諾莎的理論忽略了神的個性，而遭受到教會的責難。對此，黑格爾將「神的作用」替換成「一切的操盤手不是神，而是世界精神」，並進一步指出：「須承擔一切的不是神，而是我們人類！」

隨著黑格爾提出辯證法，且將之視為歷史的原則，世界發生了緩慢而深遠的變化。**原本世界僅是「人類生存的舞台」，在此轉化為「本身會進步的存在」**。當然，人類的個體會成長，進步早已是行之有年的概念，因此「世界會進步，且正在與時俱進」的觀念無疑具有劃時代的意義。

「今日更勝昨日，明日優於今日，世界一天比一天更美好！人類也會日益進步，且不得不進步！」——從現代的角度來看，每天進步一點點是「理所當然」的概念，好比那些心靈勵志書籍老生常談的內容。然而，追本溯源後就會發現是黑格爾開創了這種思想，在此前並不存在。

■「進步」是好事嗎？

黑格爾的學說使世界在時代的更迭中取得了突破性的進展。今日，我能「理所當然」地運用電腦撰寫文章，且輕鬆透過電腦或 iPad 查閱大量參考資料；感到飢腸轆轆時，只需要到便利商店選購食品，再用行動支付輕輕一嗶便能完成結帳的動作。

這種飛躍性進步的背後，蘊含著黑格爾的影響。倘若沒有他，現代世界可能還像古代社會那般不便。

然而，黑格爾的學說也是一把雙面刃，刀口抵在人們脖頸上，逼迫人們「必須不斷前進」。

「人類與社會絕不能停滯不前！必須持續向前邁進！停下來無疑等同失敗！未

來勢必比今天更優秀！」——到目前為止在本書介紹過的哲學家中，從未出現過主張進步概念的思想家。伊比鳩魯學派與斯多葛學派都著重「當下」，並以規律的生活實踐他們的理念，壓根兒沒去想「世界的進步」。

然而，**自黑格爾出現之後，人類開始背負起「進步」的沉重負擔**。在今日的商場上，「進步以求存，維持現狀是落後的表現」早已是人們司空見慣的觀念，但也因為如此，使你我感受到巨大的壓力。

儘管這個觀念有功亦有過，但不管怎麼說，自此以後歷史的轉變急遽加速，現代是前所未見的加速時代；在古人眼裡，今日世界變化的速度已超乎人們的想像。

繼續向前加速的話，人類是否會被「拋在後頭」？還是說，其實人類已經跟不上時代發展的腳步了呢？這股變遷的力道甚至讓人感到憂慮。歸根結柢來說，黑格爾「棄存揚升」的理念，真的正確嗎？

世界是否按照「世界精神」的作用運行著？「世界精神」是否真的為世界帶來了「進步」？我想，這些問題仍需要更深入的驗證。

4-7

存在主義——「我」的重新詮釋

■ 世界的進步跟我無關！

黑格爾提倡論證法，試圖以此作為世界進步的原理。但同時，出現一派批評黑格爾理念的人，他們駁斥道：「我才不關心世界進步與否！即便世界再怎麼接近理想的境地，都與此時此地的『我』毫無關係！」他們不再視人類為「構成社會的一份子」，而是重新將人們當成獨立的個體，也就是「我」來看待。此一思想學說被稱為「存在主義」。

學習哲學史的過程中，不難發現思想的主詞時常在「我們」與「我」之間來回切換。**通常，越是實踐性且越具體的思想，往往以「我們」為主詞；越概念化且越**

抽象的思想，則較常以「我」為主詞。原因在於，若要賦予學說實踐性與具體性，就必須建立人們共同的價值基準，「看得見的事物」便是再好不過的選擇。舉例來說，亞里斯多德的理論著重在「眼所能及的事物」，是因為他覺得「柏拉圖老師的思想過於抽象」。

相反地，概念化且抽象的思想大多在自我思索的過程中誕生，較難與他人共享。亞里斯多德的概念可以透過實驗與經驗判斷其正確性，而柏拉圖的思想則無法利用實驗與經驗進行驗證。

■ 齊克果，從宗教的存在中肯定神

回到正題。西元一八一三年出生的索倫・奧比・齊克果（Søren Aabye Kierkegaard）被喻為第一位存在主義學者。他認為：**「世界怎樣都無所謂，客觀性也不重要。關鍵的是『我』的『主觀』真理。」**

無論世界再美好，對於「此時此刻、獨一無二」的我來說，都是身外之事。所以，齊克果思索的重點是「當下的我」該如何活著？對此，他將「當下的我」之生活場域分成三個階段。

第一階段是**「美的存在」**，意旨遵從自己的欲望，隨心所欲追尋自己的快樂。不去思索與世界有關的事情，若只考慮「當下的我」的需求，似乎能在這個階段幸福且安穩地過完一生。

然而，在第一階段待上一段時間以後，會對外部供給的滿足產生依賴性，隨著時間推移，人將無法從中獲得快樂，反而會陷入「絕望」的處境。畢竟，餐餐大魚大肉也會厭煩。

第二階段是**「倫理的存在」**，說的是傾盡全力奉獻他人、奉獻社會，意味著「當下的我」遵守法律與道德，去愛人，忠實於勤勉、禁欲等所有人應盡的義務，過著他人無從指責的生活。

當一個人在這個階段活久了，「我」會逐漸體認到人類能力的侷限性。人不可

能始終對他人保持善意，也無法承擔所有的責任，因為人是有限的存在。最終，人也會在這個階段感到「絕望」。

第三階段是「**當下的我**」站在神的面前，承認自己是能力有限的無能者。接受自己的無能與愚昧，謙卑地認同三位一體的神與耶穌的復活。齊克果認為，唯有擁抱宗教，才能將「當下的我」從「絕望」中拯救出來。此一階段便是所謂的「**宗教的存在**」。

或許有讀者會覺得：「最後還不是得順從神，這與教會的主張不是都一樣嗎？」但是，齊克果與教會的不同之處在於，他倡導的不是消極的信仰，諸如「教會說得都對，我們理應服從」或「規則就訂在那邊，照做就對了」，反而提倡「當下的我」應抱持著「存在的決斷」，主動承認十字架與復活等難以置信的事蹟，進而建立積極的信仰。

所以齊克果才會說，站在神面前的自始至終都不是教會，而是「當下的我」所面臨的問題。

話說回來，在研究哲學的眾人當中，的確有許多人讀完齊克果後的感想是：「都到這裡了還提到神，真是令人失望。」那是因為，齊克果身處的時代，無論是康德的「道德法則」還是黑格爾的「世界精神」等思想，都意欲來一場「不用『神』的概念來解釋世界的思想運動」。在這樣的背景下，大膽地使用「神」的概念，就好比在足球比賽中違反規則地用手碰球，接著被斥責說「手觸球，進球無效」。換到哲學的領域，感覺就像被罵「用神來解釋哲學，一點也不哲學！」般。

因此，儘管齊克果在哲學領域貢獻非凡，卻沒有收穫良好的評價。然而，拋開「神」的爭議性不說，將哲學的視角從「我們」轉回「我」的人，正是齊克果。

■ 尼采宣告：「上帝已死！」

理念與齊克果相對，並高聲疾呼「上帝已死」的哲學家，正是出生於西元一八四四年的尼采。他主張「當下的我」應憑藉著自己的力量，果敢地生存於世，以理想的個體，也就是所謂的「超人」（Übermensch）為追求目標。

尼采所言的「上帝已死」，指的是「與基督教的神有關的價值體系已然崩解」，這意味著，在尼采出現之前，奠基於神的基督教價值仍是歐洲社會的思想支柱。

尼采意圖將被基督教顛覆的眾多「理所當然」恢復至原樣。基督教提倡的「弱者有福」這種價值觀，在他看來不過是弱者用來合理化自身處境的方式，當中蘊含著弱者對強者的「嫉妒、憎恨與無名怨憤（Ressentiment）」。

「人必須依靠自己的力量變得更加強大、更美好，這才是人的生存之道。」——尼采的思想至今仍深深激勵著人心，成為人們的動力。

人類追求強大與美好的原動力來自「權力意志」（Will to Power）。即便這個世界如同一個不斷轉動的車輪（永劫回歸），人們仍應予以肯定，並以「命運之愛」的態度生活著，唯有如此，才能消弭對未來的恐懼且不為過去感到悔恨，也不嫉妒、憎惡他人，像孩子一般頌讚「當下」。為此，人們的第一步是捨棄基督教式的無名怨憤！

尼采的主張令人熱血沸騰，擁有如同少年漫畫主角的價值觀。難怪研究他的人們大多肯定他的想法。尼采的著作如同小說或詩集，不僅易讀，閱讀他的著作時，還能感到動力源源不絕地湧現，充滿振奮人心的力量。

肯定「極限情境」的雅斯培

不論是齊克果還是尼采，他們都曾警示：「再這樣下去，人類將受虛無主義主宰。」虛無主義（Nihilism）帶有「厭世」的意涵，其意味著「無論世界如何進步都與我無關，所以我也毫不在乎」，是一種徹底放棄的冷漠心態。

然而，齊克果與尼采的警告竟成真了。工業革命以來，越來越多人被「世界」拋諸腦後，而身陷虛無主義的桎梏。卡爾．馬克思（Karl Marx）提出「異化勞動」（Alienation of labor）的觀念，即是虛無主義的表現形式之一。工廠勞動的興起，使生產行為不再是「我的創造」，更轉向「我們的創造」。「我」逐漸消融於社會活動之中。

面對這種情況，卡爾．雅斯培（Karl Jaspers）提出了他的見解：

「如何找回被社會埋沒的『當下的我』？」

「無論社會如何改變，死亡、疾病、飢餓與迫害等人類所面臨的危機，本質上並未改變。」

「當人類正視這些危機（即「極限情境」）時，自然會回歸『當下的我』，且是必然會發生的。」

「接著，『當下的我』應積極地接受這些危機。只要這麼做，人類就能超越自我的侷限性，來到無限者（超越者）面前，找到『當下的我』。」

這裡再度出現「超越者」這種類似神一般的存在。西洋哲學總是無法擺脫「絕對存在」的概念，那是因從中世紀開始，「神」一直被視為「理所當然」的存在，即便「把神從思想中移除」，最終還是免不了設置某種「位於一切的中心或頂點的絕對事物」。

日本人較少有這種意識，或者說這種概念相當薄弱，因此在研究哲學的路上，遇到「絕對存在」時，總會陷入迷茫：「嗯……又是這些令人摸不著頭緒的東西。」

如同上述，**西洋哲學在某種程度來說，就是不斷圍繞著——「神」發展出來的學問**。若簡要地統整雅斯培的思想，那就是：「在如今，人們往往被埋沒在社會當中；唯有經歷過極限情境的人，才能真正活得像人。從這點來說，極限情境對人類並不是壞事，反而是該被肯定的人生體驗。」

■ 再度回歸「我們」的時代

海德格將人類定義為**「朝向死亡的存在」**。他認為，當每個人面對「死亡」，這種人人皆無法迴避且必須親身經歷的時刻時，才能喚醒那個總被埋沒於日常中的「當下的我」。正因為如此，「死亡」也是讓人陷入不安的根源。只有坦然接受死亡，人才能成為真正的主體。

尚・保羅・沙特（**Jean-Paul Sartre**）則表示：**「人類被判處名為自由的刑罰。」**這意味著，人類因擁有過多的自由而感到痛苦。這種說法讓人聯想到聖經中亞當吃下禁果的情節。

不過，沙特的思維早已脫離以「神為前提」的「理所當然」世界觀。他說道：「長久以來，人們以為通往完美人生的必經之路，是找到神所創造的自我；實際上，根本不存在神所塑造的自我，更遑論要找出它了。你的選擇造就了你是什麼樣的人，而不是由神來決定。」用更學術的方式來表達沙特的思想，便是：**「存在先於本質。」**

同時，他也指出：「雖然人們可以選擇自己的存在方式，但其選擇必須對社會與大眾負責。」在沙特提出這項觀點後，原先由存在主義的「我」奪下主詞的主導權，再度回到了「我們」手上。

於是，西元二十世紀再度成為「我們」的時代。個人的幸福與存在被置於次要地位，而「我們」的進步成為追求的重點。技術的進步與社會制度的變革都是「我們」的產物。

然而，時序邁入西元二十一世紀後，尼采的著作再次掀起熱潮，**現代社會的主導權又逐漸從「我們」轉移到「我」**。

第5章

現代哲學的盲區為何？

5-1

「我們」指的是誰？

■一心追求效率是好事嗎？

雖然存在主義成功地讓社會主體聚焦在「我」之上，不過這股潮流到了西元二十世紀以後，再度被「我們」奪去主導權。西元二十世紀後，打著「我們」的名義，社會結構與技術取得飛躍性的變化與進展。「我們」是讓社會高效變革的實用主詞，因為「我們」使共享的事物變多了。

拿製作木盒子為例，若交由專業的工藝職人製作，職人便可以說那是由「我」獨立完成的作品；換成工廠的高效製程，便可說是由「我們」分工完成的作品。工廠作為「手段」，木盒子作為「產品」，都成了「我們」的共同產物。**自工業革命**

以來，「我們」取代了「我」，推動社會邁向高效化。

的確，「我們」的效率較「我」來得更好。但「我們」指的是誰呢？**「我們」是無數個「我」的最大公約數、是眾多擁有相同共通點的「我」的集合體——沒錯，「我們」等同於「理所當然」的概念。**

比方說，從日本人的角度出發，「我們」指的是「以米飯為主食、選擇佛教葬禮、先脫鞋再進屋、鋪棉被睡地板」等「一般日本人習以為常」的生活模式。西元二十世紀的日本，以「一般日本人」的生活為基礎，構思出對「我們」而言便利的物品與社會制度。

然而，在上述範例中，「主食不是米飯」或「不採用佛教葬禮」的群眾，就會被劃分到「我們」這種「理所當然」的規範之外；反過來說，這群脫離常規的人是阻礙社會高效化的因素；因此在日本的社會裡，人們依照社會標準做事，儘量不要太特立獨行，免得「棒打出頭鳥」。

符合常規生活並不是日本的特有現象，而是放諸全球皆如此。為了打造一個高效化的社會，會先設想出一個高效的人類模型，讓實際的人類依照這個榜樣生活。大量生產、大量消費的社會便由此而生；政治宣傳、教育或大眾媒體，都是被廣泛運用的手段。

不過，邁入西元二十一世紀後，問題逐漸浮上檯面。被排除在「我們」框架之外的「我」試圖讓大眾聽到他們的聲音。LGBTQ+[7]即是顯著的例子，他們長期被「我們」拒於門外，因為「我們」必須是「與異性結婚生子，組成家庭的人」；就連身心障礙人士也不得其門而入，因為「我們」必須是「身心靈健康的人」。

■「一般」的標準是什麼？

與此同時，所謂「普通的」、「我們」也漸漸產生自覺：**「我與『我們』不同。」**如果用電腦軟體，把許多「常見的輪廓」合成一張照片，將會得到一張毫無真實感、詭異的臉。任憑誰看都會覺得：「現實中哪有長成這樣的人。」

同樣地，其實根本不存在所謂的「一般日本人」，世上沒有任何人能完全被納入「我們」的框架之中。越來越多人感受到，身處在「我們」這個群體中的「我」，是遭受忽視與被拋棄的存在。

昭和時代的日本，盛行「一億總中流」（全國一億人都是中產階級）的集體觀念，人們普遍認為自己是一般大眾中的一份子。然而，體驗過經濟泡沫化帶來的「失落二十年」，「我們會進步」的幻想被徹底粉碎，人們悲觀地認為**「自己無法成為『我們』的一部分，且成為『我們』的一員也沒有意義」**。過去，努力成為『我們』的一員，就能過上中產階級的生活，成為人們口中的「總中流」，這是一種約定俗成的法則；然而到了現代，這種保證早已不復存在。

---

7 這個英文縮寫是由「女同性戀者 Lesbian」、「男同性戀者 Gay」、「雙性戀者 Bisexual」與「跨性別者 Transgender」的英文首字母組合而成的。進入 2010 年代，加入了「Q」Questioning 對其性別認同感到疑惑的人；然而到了 2020 年代，無法滿足人類在性別認同上完全的分類（根據研究，人的性別認同超過 50 種以上），所以使用「+」表示其他更多的無限可能！

進化論源自黑格爾的思想，可說是從「我們會進步」的觀念而誕生的產物。在進化論的概念中，隨著時代推移，「我們」會成為更好的存在。

「現代更勝過去，未來優於現代」——乍看之下是正面積極的想法，實際上僅是毫無根據的說法。的確，現代人能借助過去的書籍、資訊與技術累積下來的力量，就這點而言，現代人或許較古人更具優勢。

不過，另一方面，先驗的「人類本身」亙古不變，「我」仍是原先那個「我」。耶穌．基督所說的「你（＝我）」從古至今都沒有任何差別；柏拉圖與亞里斯多德探討的對象「人類」，其本質也從未改變過。**會隨著時代演化的，只有「人類創造的事物」，而非人類本身**。

哲學亦同。它在時代的潮流中歷經多次變化，但正如本書多次強調的，聖經、柏拉圖與亞里斯多德的理論始終如一，它們之所以維持原樣，是因為其探討的主題都是先驗的「人類本身」。科技再怎麼革新、社會再怎麼發展，嬰兒呱呱墜地時的哭聲仍都是一樣的，孩子們打鬧奔跑時的嬉笑聲也從未改變。這正是人類本身未曾轉變的證據。

■「我們」與「我」的關係

社會主義的發展脈絡與進化論相同。**馬克思**是位將「我們」的概念鑽研至極致的人物。更準確地說，他認為「我」的真實價值，可以在一個完整的社會系統（我們）當中獲得體現。根據黑格爾的辯證法，「我們」是會進步的，意味著資本主義會向著社會主義的方向演進，到那時，真正的「我」將會顯現出來。

事實上，**在馬克斯出現之前**，**「資本主義」一詞從未在歷史上出現過**。當人們處於自然生存的狀態，「我」會透過與其他「我」的互相競爭、積累財富，從中獲取相應的社會地位。湯瑪斯．霍布斯（Thomas Hobbes）稱之為「所有人對所有人的戰爭」（The war of all against all）；馬克思卻稱人類生存的自然狀態為「資本主義」，且將其視為「人類必須克服的對象」。因為，在黑格爾的學說中，需要一個正題以及一個與之對立的反題，才能驅動社會發生變革。

換言之，**黑格爾派的思考邏輯是：缺乏「對立」的元素，將不利於社會的發展**。因此，在西元二十世紀的世界史上出現了「社會主義 v.s. 資本主義」的巨大對立，並延續至二十一世紀的今日，這對立依然未見解除。

然而，現實中（至少截至今日為止），社會主義帶來的結果是「我」的極端壓抑。面對被社會主義餵養而急遽擴大的「我們」，以及被壓抑的「我」奮起反抗，多起民主化的革命應運而生。

「資本主義陣營」一度「隔岸觀火」般地置身事外；然而，即便在資本主義的體系中，「我們」壯大的速度儘管不如社會主義般迅速，卻也漸漸地壓迫到「我」的存在。遭受壓迫而日益累積的憤恨，以五花八門的形式噴發至現代社會。無論是種族、身心障礙、性別等議題，在在顯示「我」正向「我們」吶喊著：「把『我』還來！」

■自「我」意識薄弱的日本人

另一方面，相較於西方國家，日本人對於「我」的自我意識更為薄弱，因為他們持有更強烈的集體意識，也就是「我們」。此外，日本也不似西方國家一樣，「我」與「我們」之間存在著激烈的思想拉鋸戰。偶爾會出現個性獨樹一格的「我」，但整體來說，日本史仍是一段以「我們」為主詞的歷史。

其中一個原因在於，日本人缺乏「你」的體驗。在西方國度裡，耶穌曾對人們說：「吾愛之人，是你！」這條訊息使社會的主詞從「我們」轉變成「我」；然日本並未經歷過相同的體驗。不過，進入西元二十一世紀之後，日本人的「我」逐漸覺醒，並開始脫離「我們」的框架。

照理來說，如果沒有「我」，便不會有「我們」。但人類從古至今，長時間追隨著實際上不存在、虛幻的、虛偽的、虛假的「我們」生活。

的確，光憑「我」的力量，人類無法活下來。亞里斯多德曾說：「人類是群體動物。」聖經也記載著如下經句：「那人獨居不好。」因此，「我們」絕不是壞事，有美好的一面；但唯有建立於每一個「我」之上的「我們」，才會美好。

我想，**探索這種全新的「我們」，將成為哲學從今爾後的使命**。脫離「我們」意味著擺脫了過去的「理所當然」，就這個層面來說，或許蘊含著「一億總中流」這種中產階級概念的全民哲學時代已悄然來臨。

5-2 相對主義與「分裂的時代」

■人人各不同，人人皆優秀

康德於《純粹理性批判》中指出：「人類的理性是有極限的，世界上存在著理性也無法明瞭的事物。」在現代的科學領域中，也出現了「測不準原理」（uncertainty principle）以及「哥德爾不完備定理」（Gödel's incompleteness theorems）等概念，說明「我們知道有些事物是怎麼樣也無法理解的」。

從蘇格拉底開始，人們追尋著「善的真意」，這個問題似乎在現代獲得一種結論：人難以企及一個人人皆認同的終極答案。也因為如此，現代社會中的相對主義風潮越發強烈，「價值觀各有所異」、「人人各不同，人人皆優秀」的口號此起彼落。

他們的觀念即是：「既然找不到一種能套用在所有人身上的共同價值觀，那每個人就按照自己的價值觀生活便行。」**比起這點，因為意識到自己無法到達真理，而「按照個人意念行動」的價值觀，成為現代社會的一種解法。**

宗教領域也出現了相同的論調：「人們各自相信自己的信仰，依照自己的方式祈禱就好。」相信正在閱讀本書的讀者，大部分都贊同上述觀點吧？自蘇格拉底以來，歷經兩千五百多年到現在，人類的道德觀似乎回溯至蘇格拉底之前、由普羅達哥拉斯提出的理念：「人是萬物的尺度。」

■是否存在著人們都能認同的真理？

但是，真的不存在所有人都能認同的「善」或「真理」嗎？哲學發展了兩千五百年之久，探討出來的結論僅有如此嗎？其實亦非如此絕對。**現階段的哲學獲得的結論是：「憑人的力量無法達至『善』或『真理』的境**

界」，但這絕不代表我們否認它們的存在。

確實，有些人主張：「世界上不存在人類無法認知的事物。」反之，也有人堅信：「存在著人類無法認知的事物。」

聖經提及，人類無法親眼見神。而且，由於神是「善」與「真理」的象徵，因此聖經內容早已明示「人類無法觸及完全的善與真理」。因此，在以中世紀基督教為基礎所建立的「理所當然」的世界裡，不管人類是否能夠認知到「善」與「真理」，它們都是確實存在的事物，這點被視為定論。

即便是試圖脫離基督教中心思想的康德等哲學家，他們的思考前提都是「真理確實存在」。正因如此，哲學家才會就「接近真理的方式」展開激烈的辯論：「用歸納法就行！」「不，用演繹法才對！」

畢竟，若觀察的對象侷限於眼所能及的現實，根本毋須以歸納法或演繹法等方式探究真理。打個比方來說：「我們知道此處蘊藏著鑽石的原石，不過手上的鎬子太鈍了，因此我們需要把鎬子打磨地更加鋒利才行。」

然而，現代社會得到的其中一個結論是：「這把鎬子鈍到沒辦法挖礦了。算了，反正我們也沒辦法確定底下是否真的有鑽石。」倘若我們先否定了鑽石的存在，自然不會有人關心該怎麼將鎬子打磨地更銳利。

■否定「先進」的李維史陀

本書開宗明義寫道：「哲學是一門『理所當然』的學問。」不過，近年的哲學同時被稱為「元哲學」（Metaphilosophy），或可說是「探究工具之學」，意思是學問關注的主體不再是鑽石，而是挖礦的工具。

尤其，現代哲學甚至不把鑽石列為研究的前提，只顧著鑽研挖礦工具。此處所說的「挖礦工具」，指的是「思維本身」或「言語」。例如，笛卡兒說出名言「我思，故我在」時，其思考的前提是「我」，是一種先驗的存在。而現代哲學則是繼續把「我」拆分開來，更進一步去探討「我是什麼」、「我由什麼構成」等。

就歷史而言，把鑽石移出前提、鄙視鑽石的價值，都是近代以來的現象，特別集中於西元十九世紀之後；同時，世界中「沒有神」的思想潮流，則是西元二十世紀下半葉以後興起的「理所當然」風潮。即便如此，以全球人口比率來看，篤定「沒有神」的人仍是少數派。

這種思維在「先進國家」中更為強烈。但是，我們得先探討「先進國家」的定義為何？「自己比別人更優秀」的思考方式，是由黑格爾的進步主義或達文西的進

化論中誕生的概念。

到了西元二十世紀下半葉，哲學家李維史陀（Claude Lévi-Strauss）躍上哲學的主舞台，他比較各種不同的文化後做出結論：文化並沒有「先進」與「未開化」的差別。**他否定了文化及人類必須由「未開化」向「先進」發展的定理**。

此外，生活於「未開化」文化圈的人，更傾向於「相信神的存在」；對比之下，「先進」國度的人或許會詫異：「你『還在』相信神喔？未免太落伍了。」在現代的哲學潮流裡，嘲笑他人有信仰的人才顯得「跟不上時代」。

■現代，扭轉了「言語」的「理所當然」

西元二十世紀以降的現代哲學，比起探尋「真理」的答案，更專注於打磨尋找真理的工具——「語言」。在**現代哲學的核心觀念裡，「語言」作為表達與溝通的工具之前，首先是認識世界的手段**。

過去曾有一種普遍的「理所當然」，認為所謂的語言「屬於持有者」。意思是說，無論拿語言來溝通、撰寫文章，它都是表達者的所有物。為此，閱聽者必須正確地解讀表達者語言中的意圖。基督教世界也是奠基於此種「理所當然」而逐漸發展起來的，因為「聖經是神的話語，我們得正確地理解它」。

然而到了西元二十世紀的哲學領域，上述「理所當然」的觀念被徹底翻轉了。簡單來說，語言變成「服務閱聽者的產物」。沒錯，一如我現在為了讀者們撰寫這本書，但我無法左右讀者如何解讀它、讀完會有什麼心得。無論讀者閱畢後會給出怎樣的回饋，我若是說：「不准有這種感想！」實在無理至極。

換言之，**世界的構成不在於「人說了什麼」，而是建立在「人接受了什麼」**。這樣的觀點容易流於「世界的樣貌與正義由自己決定」的邏輯，進而導致社會分裂。畢竟，這意味著「你可以隨心所欲接受任何喜愛的事物」；可惜的是，這種想法正在加劇世界分裂。

為什麼情況會淪落至此？原因在於，人們忘記自己的目標是採集鑽石，因此原本用來挖掘鑽石的那把鎬子，也就是哲學領域的語言與邏輯，成了人們互相攻擊的武器。

近年來，網路世界常出現「駁倒」這類詞彙。語言與邏輯不再是探尋真理的工具，而是拿來辯論，辯到你無從招架為止。就該層面來看，世界逐漸回到由普羅達哥拉斯的詭辯學派主宰的狀態了。在中世紀，人們無論好壞，都以「神」這「鑽石」為目標，賣力地揮動手中的鎬子；近世哲學則著重在鎬子的改良。然而，到了現代，鎬子只是為改而改，壓根沒人記得那塊鑽石，人們甚至忘記自己拿鎬子要挖什麼。

不過，**人類從出生那刻開始，便無條件地接受某些「先驗」的概念**，或許可以稱之為「鑽石的碎片」。人類的存在始於接受「碎鑽」的那一刻開始。接著，發展出一段「接受」的人生。細數會發現人生中依靠一己之力獲得的東西少之又少，更多的是來自他人的賜予。**首先是出生便擁有的生命、身體，這些都不是憑藉自己的力量獲取的事物，毫無疑問地，它們都是「先驗」的產物**。

基督教常說：「數算主恩。」的確，某個人接受某件事物後便擁有相應的所有權，要如何解釋、如何利用端看個人。但是，請切記「某個存在賜予我們這些所有物」。你購買了一本書，擁有那本書的所有權，接下來，要如何解讀那本書是你的自由，但不可否認的是，存在著撰寫這本書的作者。相同地，生命是我們自己的，要過什麼樣的人生終究取決於個人，但絕不能忘記你的生命是某個存在賜予給你的。

倘若遺忘了那個「賦予你生命的存在」……更通俗地說，倘若人們忘記了「有個具有人格化的對象存在」，將會加劇現代社會的分裂。

專欄 「元」的概念一點也不難懂

元哲學的「元」，讀起來似乎有些艱深，但其實它是近期常見於電視、電影或舞台戲劇等領域的表現手法。照理來說，台上的演員需假裝看不見、意識不到台下有觀眾，但有時他們會打破界線，說出與觀眾有關的台詞，這就是「元」的概念。

原本，「正在思考的自己」是一個單獨概念，並未假設當中有其他觀察者存在，而元哲學則設定了「有另一個自己正在觀察思考中的自己」，也就是將自己同時視為「主體與客體」，並對此進行考察，這就是元哲學的本質。在舞台戲劇或電影的世界中，元演出曾被視為一種禁忌。

不過，近年來，無論是舞台戲劇還是電影，採用元演出手法的作品越來越多。同樣地，換到哲學的範疇，「元」領域的概念也已不再稀奇。

5-3

全文總結

■ 哲學是「無限的廣場」

你可能會覺得，本書翻閱到後半段，似乎有越讀越吃力的傾向，沒有錯，**哲學的理論越接近現代越發艱澀**。我們很難單靠一本書理解哲學的整體樣貌，書寫時總有「既然要說哲學史，那絕對少不了這位哲學家」的心情，但礙於篇幅，總有幾位遺珠之憾。

尚・雅克・盧梭（Jean-Jacques Rousseau）即是其中一位，而我個人偏愛的帕斯卡、卡爾・希爾逖（Carl Hilty）以及阿蘭（Alain）也沒有登場的機會。不過，也因為哲學的世界如此廣闊且複雜難解，如何深入淺出地介紹哲學史是我書寫本書的著眼點，因此我建構出「柏拉圖—亞里斯多德」與「聖經」兩條參考座標軸，試圖降低哲學的難度。

在這兩條座標軸的引導下，截至存在主義為止的哲學概念會更清晰好懂，而後的哲學也以這些思想為基礎，互相組合、發展成新的理論，因此擁有至存在主義為止的哲學概念，可讓哲學研究事半功倍。畢竟，學習哲學最棘手的部分，就是「讀著讀著忽然就迷失在浩瀚的哲學世界中」。

然而，這就是哲學的實際樣貌。**哲學的學問，不是一條寫著「進步」的單行道，而是一片寬闊的廣場，「研究者能在此空間裡隨意移動」**。想晒太陽就待在陽光充足的地方；想涼快點就找塊樹蔭避暑一下，哲學就是如此自由。

如同迪士尼樂園裡有五花八門的主題區域，沒人規定必須從「這個區域玩到那個區域」，完全依照當下的心情決定遊玩的順序。在此之前，我們得先了解廣場裡有哪些主題區域，因此需要一張導覽地圖，本書便是一張以「柏拉圖—亞里斯多德」與聖經為參考軸的地圖。萬事具備了，接下來要如何探索哲學這片無垠的廣場，端看讀者的想法。

舉例來說，無論你對過去的哲學家思想研究地多麼透徹，若缺乏破壞「理所當然」的意圖，或缺乏提出嶄新的觀點，那你充其量只是一位哲學史研究學家，而稱不上是一名哲學家。

難得踏足這片自由廣場，若仍堅持「畫地自限」，拘泥於既定的路徑，實在太可惜了。反之，即便對過去的哲學家一無所知，卻去思量「理所當然」，並顛覆它創造出的新觀念，那你就是一名十足的哲學家。

■ 拒當「旁觀者」，成為「參與者」！

書寫這本書以前，我總認為「哲學入門」，真的只是「哲學史入門」而已。

無論你怎麼探究過去的哲學家思想，也不管你是否理解得透徹，單有「過去」的知識，永遠稱不上哲學。**缺乏說服力也沒關係，出錯也無妨，唯有大膽提出自己**

的見解或獨到的研究點，才稱得上哲學。

「提出見解」不是非要你寫成一本新書或發表一篇學術期刊等，而是在社群媒體或部落格上發表「自己的想法」，再不然寫成唯有自己能夠觀看的日記亦是不錯的方式。

說到底，哲學沒有所謂的「正確解答」。正如近期哲學潮流的主張，哲學「不是表達者的所有物，而是服務閱聽者的產物」。因此，根本毋須害怕犯錯。

因害怕做出錯誤解釋而避免思考，或任自己在「理所當然」的世界裡隨波逐流，才是悖離哲學的態度。反之，我們得擁有**「犯錯次數越多，越能成為一名哲學家」**的認知。

我想，日本人不擅哲學的主要原因在於，人試圖讓自己保有「客觀性」。所謂的「客觀性」，指的是扮演一名稱職的旁觀者。然而，事物的實際面僅有身為參與者才能理解，旁觀者是無法參透的。棒球的評述員幾乎都由退役棒球選手擔任，他們跳脫了旁觀者的立場，是擁有臨場經驗的參與者，才得以為觀眾解說「箇中奧祕」。

過不了被批判的心魔，甘願做一名旁觀者，是缺乏愛的表現。現代相較於過往，是充滿成為參與者機會的時代。冷漠地誹謗、中傷參與者的人，往往是置身事外的旁觀者。踏出舒適圈的人，不會輕易做出誹謗與中傷的行為，因為身為一位參與者，會對其他主觀參與者感同身受。

日本人相當討厭「差別對待」，同時強烈抱持著「不想選邊站」的心情。然而，中立實際上等於「保持緘默」。

「愛」的其中一種表現形式是「偏愛」。當人們珍視某件事物，勢必會產生「偏心」的情緒。堅持保持中立，便無法真正地去愛某件事物。打個比方，在運動會上，每位家長絕對會為自己的寶貝加油，這當然不是中立的行為，但若想維持中立的立場而不幫孩子打氣，那孩子肯定感受不到愛。

■克服「無臉的世界」

本書接近尾聲之際，請容我大膽直言：**世界上不存在「無罪且無名的我們」，我們也不該滿足於此**。為什麼呢？因為耶穌基督想拯救的人，以非宗教的表達方式來說，就是「有罪且有名的你」。

因此，試圖成為「無罪且無名的我們」裹足不前，相當於自行選擇成為「誰都不是」的人，並以此為逃避的避風港。換言之，這就是「匿名」的狀態。當人處於匿名狀態，他就「誰也不是」。

坦白說，我在這本書裡顯然有「私心」，因為我不是以「誰也不是」、「客觀」、「無罪且無名的我們」的身分書寫這本書。我確實身為一名基督教徒、一名存在主義者；非要說的話，我算是接近齊克果的有神存在主義者，並以 MARO 為名撰寫了這本書。

闡明自己的立場，會導致對立的立場，這是不對的說法。正是因為人們不確定自己的立場，「誰也不是」的人越來越多，反而易加劇了社會的分裂。「無臉的人」

將彼此視為「模糊的敵人」而互相攻擊。愛是人類先驗的所有物。當我們能看到對方是一個具體的個體，擁有清晰的臉，愛便會誕生；看不見彼此的臉，**社會便淪落至「無臉的社會」，這就是現代社會的病態之處**。

神愛世人，甚至將他的獨生子賜給他們；
叫一切信他的，不至滅亡，反得永生。

（《約翰福音》3:16）

「若要用一段話總結聖經的訊息，非它莫屬！」指的是上述的經典經文。這訊息與基督教的誕生，可說是哲學史上最重要的事件也不為過。本書提及的哲學脈絡始於上述的訊息。

自此，中世紀基督教哲學誕生了，且以此為基礎衍生出包羅萬象的近世哲學，現代哲學也以各式各樣的形式繼承了過去的哲學理念。這麼想來，研究哲學時，不可避免得一再地反覆研讀聖經。學習哲學史時，不曉得耶穌基督被釘在十字架上的來龍去脈，好比在學習日本戰國史時，不知道織田信長與本能寺之變的關鍵事件般。

當然，許多讀者可能會說：「但我真的不是很想讀完聖經耶。」但我仍希望讀者們能將《約翰福音》3:16的經文銘記於心，反覆咀嚼；是否相信這句話，就是哲學的「直線座標軸」。光記住這點，就能大大拓展你的哲學視野。

後記——與夢想的再會

那是一場夢。是我曾懷抱的一場夢。

啊，不對，這本書的內容絕不是一場夢，更不是什麼「夢境結局」。我說的「夢」，指的不是晚上睡覺時做的夢，而是「對未來懷抱著希望」的夢想。

它曾是一個夢想，我曾抱有的夢想。像這樣書寫一本與哲學相關的書，是往昔的我所懷抱的夢。至少從高中時代接觸倫理課，感受到那段如夢似幻的時光，一直到我在大學時對哲學深感絕望為止，仍沉浸在這樣的夢裡。後來，我帶著這股絕望開始上教堂，曾經的夢想也在不知不覺間離我而去。如今，夢想再度回到我身邊，並以書本的形式實現，著實教人歡欣。

如同《傳道書》3:11的啟發：「神造萬物，各按其時成為美好。」倘若當時的我沒有被絕望感支配，憑藉著一己之力在哲學的道路上持續前行，或許就寫不出這一本書了。迄今二十年，當年的毛頭小子也已成了十足的大叔，如今回想起來，或許，神為了引領我寫下這本書，將絕望帶給了當年的我。「當我們懷抱著夢想，就該依靠自己的力量，朝著夢想勇往直前」——這或許是現代的「理所當然」。但我現在體認到，「理所當然」並非天經地義的事情。我腦袋裡清楚明白這件事，然而，心中仍感不安，真的是如此嗎？或許那種「理所當然」才是正確的也說不定？在我完成本書的撰寫後，那份憂慮徹底消散，取而代之的是確信。

當然，「憑一己之力往前衝」確實是通往夢想的道路；但絕對不是唯一的一條路。這當中還存在著另一種路徑：先是有了夢想，然後對夢想感到絕望，將它拋諸腦後，走上別的道路；到了某天，又與曾經的夢想萍水相逢，終究得以實踐最初的夢想。

感覺就像某天在路上巧遇過去的舊情人，她已是更加迷人的存在，最終你們再續前緣並結為連理。猶如在分道揚鑣後的歲月裡，夢想已比當初想像得更加美好，當你們再度相遇時，又讓你深深著迷。

我深信，在分離的二十年間，讓遠離的夢想與讓我本身漸趨成長的存在，就是神。遙想自己在波士頓留學期間，老師贈與我一段箴言：「Work hard and Pray, then Everything will be as it should。」翻成中文的意思是：「努力生活，誠心祈禱，萬事將會以它應有的樣子發生。」有時，即便我們汲汲營營地追尋與乞求，夢想也未必如我所願；但只要努力且祈禱，一切終有水到渠成的一天。

■「理所當然」是「希望」的代名詞

基督教最重要的三件事情是：「信仰、希望與愛」。在這三者之中，哲學更偏向「希望」的學問。絕望指的是欠缺希望，不安說的是因失去希望而陷入的恐懼。哲學無法從根本解決這種絕望或不安的感受；唯有神可以。然而，哲學是面對絕望或不安的感受時，告訴我們如何應對它們的方式。好比吃感冒藥，雖無法根治感冒，但對症下藥可以讓身體舒服一點。

雖然現代也可以說是欠缺希望的時代，但我覺得有一點不太一樣。現代會將舊的希望轉換成新的希望。或許，我們真的丟失了當下的希望，但是，神絕對會為我們擺上一個新希望。獲得新希望的我們，必然得丟棄對舊希望的執著。因為，人類只有一雙手。

捧著舊的東西，就沒辦法接受新的事物，對吧?!雖然放手很可怕，但只要雙手一空，勢必可以得到新的東西。這件事情就好比「信仰」，比起要去抓到什麼，要人類放棄已經獲得的東西需要更大的勇氣。

西元二十世紀至西元二十一世紀初期，與其說人類手中緊緊攢著很多東西，不如說被強行塞了很多東西，並一路生存至今。但是，人類的雙手大小已經到了極限，再繼續抱著被強塞的東西，當然拿不住新的物品。如果執著於舊的「理所當然」，就無法邁向新的「理所當然」。

到這邊為止，本書反覆出現大量的「理所當然」這個詞彙，但換言之，「理所當然」就是「這個土地、這個時代的人們，將人生的希望置於何地」的意思。以亞里斯多德的三段辯證法來說：「哲學是『理所當然』的學問，『理所當然』

是希望；因此哲學是希望的學問」。無論是在歷史上還是人生中，希望會不斷地進行新陳代謝。因此，我期盼在這個時代，人們都能抓住新的希望——即便一個也好。

■ 真正的結語

撰寫本書的過程中，真的受到很多人的關照。

首先，要感謝一直全力支持我、讓我專心於寫作的經紀人、編輯，以及幫文筆拙劣的我潤飾語句的校對人員，還有印刷廠、快遞公司、書店，最後感謝正在閱讀這本書的你們。

語言只有在被接受後才會產生意義，因此，你們也是這本書這一「現象」的參與者。你們並非旁觀者，已經成為了參與者。對此，我由衷地感謝。

此外，也要謝謝一直為我禱告的渡邊俊彥牧師、上馬基督教會的兄弟姊妹們，還有我的夥伴萊恩（Leon）。我想特別感謝都立青山高中的鳥山老師（雖然他可能已經離職了），最初是他為我指引了哲學這條美妙的道路。

當然，還要感謝那些偉大的哲學先驅們。本書有許多我無法提及的哲學家，他們也為我提供了無數寶貴的靈感。對此，我懷著最大的敬意和感謝之情。

最後，對於成就一切的天父上帝、聖子基督以及聖靈，我將至高無上的感謝、讚美與喜悅獻給祂們。願主的榮耀遍及全地。阿們。

親愛的讀者們，雖然萬般不捨，但希望我們能在某處再次相遇。

在主內。

MARO 敬上

當耶穌遇上柏拉圖：從聖經到哲學，一場最有趣的人類智慧思辨

作　者	MARO（上馬基督教會推特部門）	
譯　者	曾盈慈	
責任編輯	陳姿穎	
內頁設計	江麗姿	
封面設計	任宥騰	
資深行銷	楊惠潔	
行銷主任	辛政遠	
通路經理	吳文龍	
總編輯	姚蜀芸	
副社長	黃錫鉉	
總經理	吳濱伶	
發行人	何飛鵬	
出版	創意市集 Inno-Fair　城邦文化事業股份有限公司	
發行	英屬蓋曼群島商家庭傳媒股份有限公司　城邦分公司　115台北市南港區昆陽街16號8樓	

製版印刷　凱林彩印股份有限公司
初版 1 刷 2025年7月
ISBN　978-626-7488-96-6／定價　新台幣450元
EISBN　978-626-7488-94-2(EPUB)／電子書定價　新台幣338元

Printed in Taiwan
版權所有，翻印必究

※廠商合作、作者投稿、讀者意見回饋，請至：
創意市集粉專　https://www.facebook.com/innofair
創意市集信箱　ifbook@hmg.com.tw

SEISHO O YONDARA TETSUGAKU GA WAKATTA
Copyright © MARO 2021
All rights reserved.
Originally published in Japan in 2021 by Nippon Jitsugyo Publishing Co., Ltd
Traditional Chinese translation rights arranged with Nippon Jitsugyo Publishing Co., Ltd. through Keio Cultural Enterprise Co., Ltd.

城邦讀書花園　http://www.cite.com.tw
客戶服務信箱　service@readingclub.com.tw
客戶服務專線　02-25007718、02-25007719
24小時傳真　02-25001990、02-25001991
服務時間　週一至週五 9:30-12:00，13:30-17:00
劃撥帳號　19863813　戶名：書虫股份有限公司
實體展售書店　115台北市南港區昆陽街16號5樓
※如有缺頁、破損，或需大量購書，都請與客服聯繫

香港發行所　城邦（香港）出版集團有限公司
香港九龍土瓜灣土瓜灣道86號
順聯工業大廈6樓A室
電話：(852) 25086231
傳真：(852) 25789337
E-mail：hkcite@biznetvigator.com

馬新發行所　城邦（馬新）出版集團Cite (M) Sdn Bhd
41, Jalan Radin Anum, Bandar Baru Sri Petaling,
57000 Kuala Lumpur, Malaysia.
電話：(603)90563833
傳真：(603)90576622
Email：services@cite.my

國家圖書館出版品預行編目資料

當耶穌遇上柏拉圖：從聖經到哲學，一場最有趣的人類智慧思辨/MARO著；曾盈慈譯.-- 初版.-- 臺北市：創意市集，城邦文化事業股份有限公司出版：英屬蓋曼群島商家庭傳媒股份有限公司城邦分公司發行, 2025.07
　面；　公分
ISBN 978-626-7488-96-6(平裝)
1.CST: 聖經 2.CST: 西洋哲學 3.CST: 研究考訂
114001206